KB267413

가야, 잊혀진 이름 빛나는 유산

가야사 연속강좌

가야, 잊혀진 이름 빛나는 유산

가야사정책연구위원회 엮음

혜안

머리에

이 책은 가야사정책연구위원회가 부산대학교 한국민족문화연구소의 도움을 받아 가야사 복원 및 문화계승발전정책연구의 2001년 사업으로 수행한 과제 중의 하나를 책으로 묶은 것이다.

가야사정책연구위원회는 현재까지 축적되어 온 가야사의 연구성과를 종합·정리하여 가야사 연구를 진작시키고, 가야지역의 각종 문화유산을 연구자와 일반 시민들이 쉽게 접근하여 활용할 수 있도록 그 토대를 마련하기 위해 만들어진 조직이다. 이런 활동을 통해 신라 및 백제문화권에 이어서 가야문화권을 정비하기 위한 학술적 근거를 제공하는 것은 물론, 가야사의 문헌학적·고고학적인 심층 연구를 통해 한국 고대사의 재구성에 이바지하는 사업을 수행하고 있다.

국내외 가야사 관련 전공학자로 구성된 본 위원회는, 그동안『가야사연구 및 교육에 대한 정책연구』외에『가야 각국사의 재구성』,『한국 고대사 속의 가야』,『학교교육과 사회교육으로서의 가야사』,『가야 고고학의 새로운 조명』,『가야의 유적과 유물』,『가야사 연구논문 요약집』등의 성과물을 낸 바 있다.

이 책은 이러한 성과물을 일반 시민들과 공유하자는 의도에서 이루어진 가야사 연속강좌의 강의안을 수정 보완하여 다시 책으로 묶은 것이다. 연속강좌는 전국을 3개 권역별(서울, 대구, 부산)로 나누어 실시하였고 수강자도 수백 명이나 되었다. 대주제는 '가야, 잊혀진 이름 빛나는 유산'으로 하였으며, 이러한 대주제에 부합하는 대중적인 주제 8개를 선정하여 강좌를 개설하였다.

「가야, 가야 사람, 가야 역사」라는 제목으로 강의한 홍익대 역사교육과 김태식 교수는 자료 부족, 신라 중심의 삼국사관, 식민사학의 폐해 등의 여러 이유로 인해 가야사가 그동안 역사적 실체를 인정받지 못하고 있었다고 하였다. 또한 가야의 역사는 대충 무시해도 좋을 멀고도 작은 이야기가 아니라, 우리 모두가 관심을 두어야 할 가깝고도 중요한 이야기라는 전제 하에 현재 가야사 연구에서 논점이 되고 있는 전반적 문제들에 대하여 강의를 하였다. 특히 말미에는 그가 이룬 가야사 연구를 바탕으로 4국시대론을 제창하였다.

「수로왕은 하늘에서, 허왕후는 바다에서……」를 강의한 강사는 부산대학교 역사교육과 백승충 교수다. 신화는 역사시대 이후의 후대인들이 전대 조상들의 이야기를 서사시 형태로 정리한 것이라고 설명하면서, 여기에는 우주 창조 및 인류 탄생에서부터 고대국가의 형성에 이르기까지 각 시대를 살아온 다양한 부류의 인간 경험과 상상력, 신앙 등이 농축되어 있다고 하였다. 김해 가락국의 시조 수로왕의 개국신화와 허왕후 도래신화, 그리고 고령 가야국의 시조 이진아시왕의 개국신화에 대해 설명하였다.

「가야토기에서 역사를 본다」를 강의한 강사는 경북대학교 고고인류학과 박천수 교수다. 가야토기는 삼국시대 신라토기와 함께 원삼국시대

와질토기에서 발전한 것으로, 물레로 성형하여 1000도 이상의 고온을
내는 등요에서 환원염으로 구워 흙 속에 포함된 규산이 유리질화 되어
침수성이 없어진 회청색 경질토기 가운데 낙동강 이서지역에서 분포하는
토기를 가리킨다고 하였다. 가야토기의 출현 시기는 3세기 중엽으로
추정하였으며, 그 기원은 한(漢)의 회유도에서 유래한 것으로 파악하였다.
가야토기는 제작기술 면에서 이전 시기와는 상이점을 보이며 점토 선택
이나 제작에서 이전의 와질토기와는 달리 전업적 생산체계에서 제작된
것이라 하였다. 가야 양식 토기는 지역차에 의해 소지역 양식으로 세분되
어 크게 4세기대에는 김해 금관가야 양식, 함안 아라가야 양식, 5세기대에
는 아라가야 양식, 고령 대가야 양식, 고성 소가야 양식으로 분류된다고
하였다.

「철(鐵), 가야 성장의 열쇠」를 강의한 강사는 복천박물관 송계현 관장이
다. 현재까지의 자료로 보는 한, 우리 나라 북부지역에 철이 처음 보급되기
시작한 것은 기원전 3~4세기경 연(燕)나라에서 들어온 주조철기(鑄造鐵
器)부터였다고 설명하였다. 가야지역에서의 철은 국가의 형성과 성장에
중요한 역할을 하였다. 기원전 1세기 이후 낙동강 하류지역을 중심으로
하는 지역의 분묘에서 다량의 철제유물이 출토되며, 고대국가로 성장하
는 4세기대 이후가 되면 가야 전역에서 철제 유물이 다량으로 출토된다고
하였다. 특히 5세기대의 경우 신라 고분에서는 금공품이 대량으로 출토되
는 반면, 가야 고분에서는 철제 갑주류가 대량으로 출토되어 가야에서
철이 특별한 의미를 가지고 있었던 것으로 설명하고 있다.

「가야와 왜, 그리고 '임나일본부'」를 강의한 강사는 인제대학교 이영식
교수다. 이른바 '임나일본부(任那日本府)'에 관련된 논의가 고대한일관계

사, 한국고대사, 일본고대사에서 각기 다루어져야 할 학술적 연구주제의 하나임에는 틀림없으나, 현실적으로는 학술적 연구보다도 일본사 교과서의 서술문제나 한일 양국의 정치적 문제와 같은 비학문적인 현안과 맞물리면서 여론상의 논쟁으로 비화된 바가 적지 않았다고 하였다. 이 교수는 한일학계의 연구동향을 정리한 후, 종래 연구에 대한 비판과 함께 '임나일본부'의 실체규명에 접근하고자 하였다.

「가야왕, 무엇을 남겼나」를 강의한 강사는 복천박물관 홍보식 조사보존실장이다. 그는 가야가 고구려 및 백제와는 같다고 할 수 없지만, 어떤 형태로든지 최고의 우두머리는 존재하였을 것으로 보았다. 고대사서에 일부 등장하는 가야 왕들의 존재, 그리고 그들과 다른 신분과의 실제적인 차이가 무엇인가는 현재로서는 문헌을 통해 구명할 방법이 없기 때문에 발굴조사로 확인된 대형 무덤의 존재를 통해서 검증하고자 하였다. 특히 왕묘 출현 이전의 모습과 이후의 모습을 상호 비교하면서 강의하는 등 고분에 대한 이해를 높여주었다.

「우륵은 가고 가야금만 남아」를 강의한 강사는 계명대학교 권주현 선생이다. 그는 악사(樂師)였던 우륵을 알기 위해서는 먼저 가야악(加耶樂)의 시기별 형태와 그 내용 변화를 단계별로 검토해 볼 필요가 있다고 하면서, 1세기부터 6세기대까지의 가야악에 대한 기록을 중심으로 설명하였다. 그리고 가실왕이 중국의 쟁을 모방하여 가야금을 만들었을 때는 단순히 그 악기형태 자체만 모방한 것이 아니라고 하면서, 적어도 악기 속에 반영된 우주관과 시간 이해를 함께 받아들였다고 하였다.

「가야인, 신라에서 빛나다」를 강의한 강사는 경북대학교 주보돈 교수다. 그는 가야를 크게 3대 세력권(고령의 대가야 중심권·김해의 금관국 중심권·함안의 안라국 중심권)으로 나누어 설명하였다. 그리고 그들 세력의 부침(浮沈)도 각기 달랐던 것으로 보았다. 멸망 시기 및 방식도 달랐으며 신라에서의 대우 또한 달랐다는 것이다. 신라 속의 가야인들의 활동에 대해서는 대가야계와 금관국계로 나누어 설명하고 있다.

　먼 거리를 마다하지 않고 강의도 해 주시고 수정·보완된 원고를 제출해 주신 여러 선생님들께 감사드린다. 또한 강의 장소는 물론 강좌 자체를 맡아 수고해 주신 국립중앙박물관, 대구국립박물관, 부산박물관의 관계자 여러분께도 감사드린다. 특히 서울에서의 진행은 김태식 교수님의 적극적 협조가 없었다면 이루어지기 어려웠을 것이다. 자칫 지루할 수 있는 강좌에 참석하여 열심히 들어주신 많은 수강자 여러분들께도 감사드린다.

　이 사업을 맡아 주관해 주신 부산대학교 한국민족문화연구소 채상식, 이헌홍 전 소장님과 이동찬 선생, 조남욱 현 소장님, 특히 강좌의 교섭과 진행을 주관하고 강좌 내용 및 사진·도면 자료의 보완을 비롯하여 이 책이 만들어지기까지 온갖 수고를 마다하지 않은 백승옥 선생의 노고는 말로 표현할 수 없을 정도다.

　끝으로 이 사업을 뒷받침해 주신 교육인적자원부 당국과 가야사정책연구위원회 위원 여러분들께 감사드리고, 출판에 애쓰신 도서출판 혜안의 관계자 여러분들께도 고마움을 전한다.

2004. 11
가야사정책연구위원회
위원장　정 징 원

차 례

가야, 잊혀진 이름 빛나는 유산

가야, 가야 사람, 가야 역사

김 태 식 홍익대학교 역사교육과학 교수

가야사 강의를 시작하며

가야사는 그동안 그 역사적 실체를 인정받지 못하고 있었다. 여기에는 자료 부족, 신라 중심의 삼국사관, 식민사학의 폐해 등 여러 이유가 복합되어 있다. 그러나 1980년대 이후 많은 학자들에 의해 가야사 연구가 이루어져 왔고, 그 결과 가야가 중앙집권국가를 이루지는 못하였으나 문화 수준도 높고 무력도 만만치 않은 세력이었음이 밝혀지고 있다. 본관으로 보아 가야의 후손인 김해김씨만 해도 우리 나라 인구의 10%를 넘는다고 하고, 가야 전성기를 기준으로 하면 영남과 호남 지방의 각각 절반이 가야에 속하였으니 그 지방민들도 모두 가야의 후예다. 즉, 현재 남한 인구의 3분의 1 이상이 가야의 후손인 것이다. 그러므로 가야의 역사는 대충 무시해도 좋을 만한 멀고도 작은 이야기가 아니라, 우리 모두가 관심을 두어야 할 가깝고도 중요한 이야기다.

가야의 뜻과 한자 표기

'가야' 또는 '가라'의 뜻에 대해서는 많은 설이 있으나, 그 중에서 유명한 것으로는 가나설, 간나라설, 겨레설 등이 있다. 가나설은 조선 후기 실학자인 정약용이 주장한 것으로서, 가야가 가나(駕那), 즉 고깔에 기원을 두고 있다고 하였다. 이는 가야 사람들이 끝이 뾰족한 관책(冠幘)을 쓰고 다닌 데서 유래한 말이라고 하였다. 간나라설은 이마니시 류[今西龍]의 주장으로서, 간은 '干', '旱', '韓'으로도 표시하고 '神', '上', '酋長', '大'의 뜻을 지니므로, 간나라는 '신의 나라[神國]', 또는 '큰 나라[大國]'의 뜻이라고 하였다.

겨레설은 최남선이 주장한 것으로서, 가야라는 말의 어원이 한국어의 '겨레[族]', '갈래[支派]'에 있으며, 만주어의 '교로[宗族]', '할라'姓, 一族]', 몽골어의 '갈가[部落]', 핀란드-위구르어의 '굴라[村]', 사모예드어의 '가라[村]' 등이 모두 같은 어원에서 나온 말들이라고 하였다. 뒤에 일본의 언어학자인 오노 스스무[大野晋], 우리 나라의 언어학자인 최학근도 가야가 '겨레[姓, 一族]'라는 말의 기원이고, 그 근원은 알타이 제어(諸語)의 'Xala[姓, 一族]'에 있으며, 그것이 Kala(가라) > Kaya(가야) > Kya+re > Kyeore(겨레)로 음운 변천하여 오늘에 이르렀다는 견해를 내놓았다. 현재로서는 겨레설이 가장 유력한 편이다.

한편 가야는 사료상에 加耶, 伽耶, 伽倻, 狗邪, 加羅, 駕洛 등의 여러 가지 한자로 나타나고 있어서, 이를 어느 하나로 통일할 필요가 있다. 狗邪는 『삼국지(三國志)』에만 두 번 보이고 있어서 가야의 대표적인 명칭으로 사용하기는 어렵다. 駕洛은 아홉 번 나오는데, 이 용례는 수로왕과 관련하여 김해의 가야국이라는 좁은 의미로만 쓰이고 있으므로 역시 가야의 일반 명칭으로 사용하기에는 한계가 있다. 加羅는 마흔아홉 번이나 나오나, 용례의 대부분을 차지하는 『일본서기』에서의 加羅가 거의 고령의 대가야를 가리키고 있으므로, 역시 김해 세력까지 포괄하려면 加羅로 명칭을 삼는 것은 문제가 있다.

그러므로 가야의 한자 명칭으로는, 고령과 김해를 모두 포괄하면서, 사용빈도도 높고, 한국 고대사의 기본 사서인 『삼국사기』에서 일반적으로 쓰인 명칭이며, 당시 신라인들의 표기법이었다고 추정되는 '加耶'가 가장 타당하다. 반면 '伽耶'는 같은 것을 표기한 것이기는 하나 '佛陀伽耶', '伽耶城' 등과 같이 불필요하게 불교를 연상시키고, '伽倻'는 조선시대 이후에나 쓰이기 시작하여 사료적 가치가 떨어지며 둘다 당시 사람들이 쓰던 표기가 아니다.

임나일본부설과의 연관성

'가야'라고 하면 누구나 임나 또는 왜와의 불쾌한 관련을 떠올린다. 이것은 일제시대의 교육이 우리 민족에게 남긴 가야에 대한 선입견 탓이다. 그 반작용 때문에 가야사에 대해서는 누구도 자세히 언급하기를 꺼려했다. 가야에 대한 이러한 그릇된 선입견은 소극적인 기피나 감정적인 반박에 의해서가 아니라 차분하고 합리적인 연구 축적에 의해서만 불식시킬 수 있다.

일제 강점기를 전후하여 일본의 사학자들은 가야의 별칭이 임나(任那)이며, 이 지역은 왜국의 신공황후(神功皇后)가 369년에 군사를 보내 정복한 이후, 신라에게 빼앗기는 562년까지 왜왕권의 통치기관인 임나일본부(任那日本府)의 통제 아래 있었다고 주장하였다. 이 학설은 임나일본부설 또는 남한경영론이라고 하는 것으로서, 고대 일본의 신공황후 삼한정벌 설화를 바탕으로 해서 정리해낸 것이다. 이렇게 해서 가야사의 본격적인 연구는 가야의 정당한 발전 과정에 대한 연구로 시작된 것이 아니라, 가야가 고대 왜왕권의 복속 아래 있었다는 관계사를 연구하는 것으로 변질되었다. 이 학설은 일제가 한국을 강제로 통치하고 있던 현실을 역사적으로 합리화하여, 우리 민족의 역사의식에 열등감을 심어주었다. 이 때문에 가야사는 한국 고대사 연구자들이 금기시하는 분야가 되었다.

그러나 가야 지역에서 오랫동안 발굴된 유적들을 종합해 볼 때, 이 지역이 고대 일본의 지배를 받았다는 흔적은 아무데도 없으며, 오히려 백제, 신라 및 왜 등과 구분되는 독자적인 문화를 수백 년 동안 지속하고 있었음을 확인할 수 있다. 문헌적으로도 '임나일본부'라는 말은 『일본서기』에서도 4세기대에는 나타나지 않고 오직 540~550년대의 10여 년간 15회 나올 뿐이다. 또한 임나 성립의 증거라는 『일본서기』 신공기 49년조의 문장도, 백제가 비자발(比自㷨) 등의 가야 7국을 통해 왜국과의 문물 교역체제를 마련한 것을 친백제적 왜인의 어법에 따라 재구성한 것이라고 할 수 있다. 그렇다면 이 기사를 토대로 삼아 왜의 임나 지배를 논한다거나 백제의 가야 정벌을 논한다는 것은 허망한 일이다.

『일본서기』에 나오는 기사들을 엄밀히 분석해 볼 때, 이른바 '임나일본부'는 대외적으로 가야에 주재하는 왜국의 사절단이라는 명분을 지니면서도, 실질적으로는 함안 안라국(安羅國)을 중심으로 한 가야 제국의 독립성 유지를 위해 일하고 있었다. 그러므로 이는 가야 연맹이 백제와 신라의 압박으로 인하여 위기에 처한 540년대 대가야 - 안라 이원체제 시기에 함안 안라국의 세력 열세를 보완해 주는 특수 외무관서, 즉 안라왜

신관(安羅倭臣館)이었다. 임나일본부는 그 동안 너무 지나치게 일본 위주로 왜곡되어 왔던 것이며, 그 선입견에서 벗어나는 것이 가야사를 이해하기 위한 필수적인 전제조건이다.

가야의 정치체제

보통 사람들은 '가야'라고 하면 금관가야, 대가야, 소가야, 성산가야, 비화가야, 아라가야, 고령가야 등의 이른바 6가야의 이름을 떠올린다. 그리고 이 이름을 떠올리면 자연히 가야는 여섯 개의 가야소국들이 연맹체를 구성하고 있었다는 생각을 하게 된다. 그러나 그 6가야 중에 비화가야가 있었던 창녕과 고령가야가 있었던 상주군 함창읍에서는 가야토기가 나오지 않고 신라토기만 나와서 사람들을 어리둥절하게 한다. 6가야의 소국 중에 가야가 아닌 신라 소국들이 섞여 있다는 것을 어떻게 이해해야 할까. 사실 이른바 '6가야'라고 하는 관념은 가야시대 당시의 것이 아니라 신라 말 고려 초에 나온 것으로 불확실한 것이다.

그렇다면 가야시대의 가야 소국들의 정치체제는 어떠한 것이었을까? 가야의 정치체제에 대해서는 ① 가야 전역에 여러 소국들이 있었으나 상호간에 연맹체제를 이루지는 못하였다는 단순분립설, ② 10여 개의 소국들이 하나의 연맹체를 이루고 있었다는 단일연맹체설, ③ 가야 전역에 걸치는 가야 연맹체는 없었고 여러 개의 소지역별로 연맹체가 공존하고 있었다는 지역연맹체설 등으로 나누어 볼 수 있다.

위의 견해 중에서 기존에 받아들여지던 통설은 단일연맹체설이었으나, 요즘은 세 번째의 지역연맹체설이 유행하고 있다. 지역연맹체설은 주로 고고학적 분석 결과를 바탕으로 한 견해로서, 각 지역의 유적, 유물들을 권역별로 구분하여 대가야권, 금관가야권, 아라가야권, 소가야권으로 나누고, 이를 하나로 통합한 가야 연맹체는 없었다고 본다. 그러나 이를 고고학적 명명법에 충실하게 현재 지명을 써서 고령권(高靈圈), 김해권(金海圈), 함안권(咸安圈), 사천 - 고성권(泗川 - 固城圈) 등으로 나누지 않고 곧바로 각각 대가야권(또는 대가야 연맹체), 아라가야권(또는 아라가야 연맹체), 소가야권(또는 소가야 연맹체) 및 금관가야권(또는 금관가야 연맹체)이라고 불러, 변형된 6가야 연맹체로 인정시키려 하는 것은 받아들이기 어렵다.

연맹체(聯盟體)란 연맹을 이루는 각 소국들이 독립성을 유지하고 있는 상태이므로, 밖으로 신라나 백제와 같은 큰 적에 대해서는 하나의 단일 연맹체라는 외형을 갖추고 있다 하더라도, 안으로는 각기 혈족이나 지리, 경제교류, 문화전통 등의 측면에서 친하거나 소원한 차이가 있어서, 상황에 따라 몇 개 또는 그 안에서 다시 몇 개의 정치체로 나뉘어 상호 견제하는 분절체계(分節體系)가 존재한다. 상당한 시기에 걸쳐 가야 소국들이 신라나 백제에 대하여 '가야'라는 단일한 이름으로 불렸다면, 이들은 하나의 연맹체 안에 있었다고 할 것이다. 그러므로 가야지역이 문화적으로 네 개의 작은 권역으로 구분될 수 있다고 해서, 가야 지역 전체에 걸치는 연맹체의 존재를 부정할 수 있는 것은 아니다.

한편 최근에는 가야 마지막 시기의 대가야가 소국연맹체가 아닌 영역 국가(領域國家 : 고대국가) 체제를 이루었다는 견해들도 발표되고 있다. 그러나 강력한 연맹체 사회는 외형상 일시적으로 영역국가와 같은 면모를 나타낼 수도 있으므로, 이를 섣불리 영역국가라고 단정할 수는 없다. 실제로 맹주국(盟主國)이 오랫동안 대외적으로 연맹체 전체를 대표해서

결정을 내리거나 행동을 하다 보면, 그 사회의 내부 체제도 점차 중앙집권적으로 바뀌어 갈 것이다. 그러므로 영역국가를 이루었는가의 여부는 단일한 맹주국 중심의 강력한 연맹체가 적어도 2~3세대 동안 지속되고 나서 그 결과 부체제(部體制)가 나타나고 대외교섭권을 독점하는 등, 중앙정부에 의한 권력 독점의 증거가 나타나야 확인할 수 있다.

가야사의 시작과 끝

가야사의 시작은 언제부터일까?『삼국유사』왕력이나 가락국기에 따르면 가락국의 수로왕(首露王)이 후한(後漢) 광무제 건무 18년 임인(壬寅), 즉 서기 42년에 태어나서 대가락 또는 가야국의 왕위에 오른 것으로 되어 있다. 그러나 인간의 수명에 비하여 왕들의 재위기간이 너무 길거나 부자간의 나이 차가 너무 많아서 그대로 인정하기는 어렵다. 즉 초기 왕계는 어느 정도 상향 조정되어 있는 것이다. 그렇다면 어느 정도까지 낮추어야 할까?

좀더 객관적인 기록으로 보이는『삼국지』위서 동이전에 나오는 마한 및 진변한 70여 국의 이름은 위(魏) 명제(明帝) 경초중(景初中 : 237~239)에 낙랑 및 대방태수를 통하여 파악된 것으로 보이므로, 그 중의 하나인 구야국의 성립은 3세기 전반을 하한으로 삼을 수 있다. 다만『삼국지』에 나오는 진왕(辰王)의 공식 칭호로 보아 3세기 전반 당시의 구야국은 이미 안야국(安邪國)과 함께 변한 12국에서 지도적인 위치를 차지하고 있었다. 그렇다면 국가 세력의 정상적인 발전 과정을 감안할 때, 구야국의 성립 시기는 2세기 후반 이전으로 올려볼 수 있을 것이다.

게다가 김해 양동리 162호분은 길이 5미터, 너비 3.4미터, 깊이 1.2미터

의 토광에 목곽이 설치된 무덤으로서, 그 안에서 청동거울, 청동띠고정장
식[銅製鉸具], 청동고리[銅環], 쇠단검, 쇠투겁창, 쇠화살촉, 철복(鐵鍑 : 철
제의 아가리큰 솥), 쇠도끼, 쇠낫, 판상철부(板狀鐵斧 : 납작도끼) 등이
출토되었다. 이 고분은 가야의 대형 목곽묘로서 가장 오래된 2세기 중후반
의 유구다. 이 고분에 묻힌 사람은 세형동검에서 발전한 쇠단검 6자루와
길이 60센티미터의 대형 쇠투겁창을 비롯한 다수의 쇠투겁창을 소유하
여, 강력한 권력을 가진 신분임을 나타내고 있다. 또한 그는 당시의 화폐로
서 부의 상징인 판상철부를 목관 네 모서리에 다량 깔고 있고, 주술적
힘의 상징이라고 보이는 청동거울과 많은 구슬을 꿰어 만든 화려한 목걸
이로 치장했다. 청동거울이나 철복은 서북한 지역의 낙랑과의 원거리
교역을 통해 입수한 것으로 보인다. 그러므로 양동리 162호분의 주인은
주술적인 힘과 경제적인 재력 및 정치적인 권력을 모두 갖춘 소국의
수장이었다고 보아도 될 것이다.

이로 보아 2세기 후반에는 소국으로서의 가야국(=구야국)이 성립되어
있었음을 확인할 수 있으며, 가야사는 2세기 후반보다 약간 앞서는 시기,
즉 2세기 중엽이나 전반에 시작되었다고 할 수 있다. 다만 가야의 목곽묘
문화는 기원전 2세기 말, 1세기 초 이래 지속된 목관묘 문화에서 비롯된
것이므로, 가야국의 문화 기반이 성립된 과정을 밝히기 위해서는 기원전
2세기 말부터 가야사에 포함시킬 필요성도 있다. 그 시기의 가야 목관묘
문화는 위만조선의 유이민에 의하여 파급되었을 가능성이 높다.

한편 가야사의 끝은 비교적 명확하다. 약간 이설이 있기는 하지만,
532년에 김해의 금관국이 멸망하고, 562년에 고령의 대가야국을 비롯한
가야 제국이 멸망한 것은 『삼국사기』, 『삼국유사』, 『일본서기』 등의 사료

에 나오는 대로다. 그렇다면 가야사는 엄정하게 소국이 나타난 이후만을 생각하면 2세기 중엽부터 562년까지 400여 년 지속되었고, 그 문화 기반의 성립 과정을 포함한다면 기원전 2세기 말부터 562년까지 700년 가까이 지속되었다고 할 수 있다.

가야사의 전개와 영역

'가야'라는 이름을 쓴 국가는 둘이었다. 400년경까지는 김해의 가락국이 가야라고 칭하였고, 5세기 후반 이후에는 고령의 대가야국이 가야라고 칭하였다. 고고학적으로 보아 4세기 이전의 문화 중심은 김해 지방이고, 5세기 이후의 문화 중심은 고령 지방이었다. 그러므로 일단 4세기 이전을 전기(前期) 가야시대, 5세기 이후를 후기(後期) 가야시대로 구분할 수 있다. 김해 가락국(駕洛國)을 중심으로 하는 전기 가야시대에 고령 지방에 위치한 소국의 이름은 반파국(伴跛國)이었으며, 고령 대가야국(大加耶國)을 중심으로 하는 후기 가야시대에 김해 지방에 위치한 소국은 남가라국(南加羅國) 또는 금관국(金官國)이라고 불렀다.

전기 가야시대에 가야는 철 생산 능력과 해운 입지조건의 우월성을 바탕으로 하여 2세기 후반 내지 3세기에는 서북한 지역의 낙랑 및 바다 건너 왜와의 원거리 교역을 통해서 점진적으로 발전하였다. 4세기 전반에는 낙랑군과 대방군이 멸망한 여파로 일시 동서로 분열되었으나, 4세기 후반에는 백제와의 교역이 시작되고 서북한 지역으로부터의 이민을 받아들여 다시 김해 중심으로 통합되면서 강성해졌다. 그러나 400년경 국제관계에 휘말려 중심 소국들이 고구려 - 신라 연합군의 공격을 받고 일단 멸망함으로써, 전기 가야연맹은 해체되었다.

  그 때까지 가야 계통 소국들이 오랫동안 보유하며 중심 근거지로 삼았
던 곳은 낙동강 중·하류의 양쪽 연안 지역, 낙동강의 서쪽 지류인 황강과
남강 유역 및 경남 해안 일대의 땅이었다. 즉 소백산맥으로 둘러싸인
영남 지역 전체에서 서남쪽 절반을 차지하고 있었다. 전기 가야를 구성한
변진 12국에는 미리미동국(彌離彌凍國 : 밀양), 접도국(接塗國 : 칠원), 고
자미동국(古資彌凍國 : 고성), 고순시국(古淳是國 : 산청), 반로국(半路國 :
고령), 낙노국(樂奴國 : 알 수 없음), 미오야마국(彌烏邪馬國 : 창원), 감로
국(甘路國 : 개령), 구야국(狗邪國 : 김해), 주조마국(走漕馬國 : 함양), 안야
국(安邪國 : 함안), 독로국(瀆盧國 : 부산)이 있다. 벽진국(碧珍國 : 성주)과
비사벌국(比斯伐國 : 창녕)도 한때는 전기 가야의 구성원이었을 가능성이
높다.

  5세기 전반에는 전기 가야 맹주국의 몰락으로 상대적인 우위를 차지하
게 된 함안의 안라국(安羅國)과 고성의 고자국(古自國) 등의 가야 서부
제국이 활발하게 움직여 교류를 확대해 나가는 모습을 보였으나, 세력의
집적을 이루지는 못하였다. 반면에 고령 대가야(大加耶)를 중심으로 한
경상 내륙지방 소국들은 차츰 세력을 축적하고 5세기 후반에는 세력을
확대하여 후기 가야 연맹을 결성하고, 서쪽으로 소백산맥을 넘어 섬진강
유역의 호남 동부지역까지 포섭하면서 크게 대두하였다.

  6세기 전반 백제에게 패배하여 호남 지역을 상실한 대가야는 522년에
신라와 결혼동맹을 맺어서 국제적 고립을 극복하고자 하였다. 그러나
이 결혼을 둘러싼 신라의 책략에 의하여 후기 가야 연맹은 내부 분열의
조짐을 보였고, 그 결과 530년을 전후하여 남가라 등의 동남부 3국이
신라에게 병합되고 말았다.

540년대 이후 후기 가야 제국은 대가야 - 안라의 남북 이원체제로 분열되어, 백제와 신라 사이의 교섭을 통하여 독립을 지속하려고 하였으나 결국 상호간의 의견 불일치와 백제의 외교적 노력으로 인하여 550년대에는 백제에게 반(半) 복속되어 명맥을 유지하였다. 결국 백제의 관산성 패전 이후 562년 신라의 습격을 받은 대가야국이 함락되면서 후기 가야 연맹은 막을 내렸다.

가야 후기의 영역은 전기와는 달리 낙동강 서쪽으로 치우쳤다. 후기 가야의 소국들로는 대가야국=가라국(加羅國 : 고령), 안라국(安羅國 : 함안), 사이기국(斯二岐國 : 부림), 다라국(多羅國 : 합천), 졸마국(卒麻國 : 함양), 고자국=고차국(古嵯國 : 고성), 자타국(子他國 : 진주), 초팔국=산반하국(散半下國 : 초계), 걸손국(乞湌國 : 산청), 임례국(稔禮國 : 의령), 금관국=남가라국(南加羅國 : 김해), 탁순국(卓淳國 : 창원), 탁기탄국(喙己呑國 : 영산)의 13국이 있다.

가야 후기의 전성기에 포함된 호남 지역은 한반도 13정맥의 하나인 호남정맥의 동쪽으로서 조선시대에 전라좌도라고 불린 곳이다. 이 지역에 있었던 가야 소국으로는 상기물=상기문(上己汶 : 장수 및 임실), 하기물=하기문(下己汶 : 남원), 사타(娑陀 : 순천), 물혜=모루(牟婁 : 광양), 달이=상다리(上哆唎 : 여수), 하다리(下哆唎 : 돌산) 등이 있다.

가야 사람과 가야 유적

가야사의 문제점 중 하나는 문헌사료가 부족하여 역사적 인물이 매우 적다는 점이다. 왕력에만 나오는 왕 이름을 제외하면, 사연이 있는 사람은 건국신화에 나오는 김수로왕과 허왕후, 정견모주와 이진아시왕, 멸망

당시의 마지막 왕인 구형왕, 도설지왕, 그리고 가야금과 관련된 가실왕, 신라와 국혼을 한 이뇌왕 등이 있을 뿐이다. 그들 이후에 신라시대를 산 유명한 가야 유민으로서 김유신 가문 사람들과 신라통일기의 최고 문장가 강수, 해인사를 창건한 승려 순응과 이정 등도 가야와 연관하여 다룰 필요가 있다.

수로왕은 금빛 알의 형태로 하늘에서 밧줄을 타고 김해 구지봉 꼭대기에 내려와 기존의 아홉 족장, 즉 9간(九干)을 거느리고 가락국을 건국한 사람이라고 한다. 이는 그가 높은 문화수준을 가지고 어디에선가 이주해 온 유이민임을 나타낸다고 생각된다. 또한 허왕후는 아유타국의 공주로서 배를 타고 김해의 주포에 도착해서 중국 상점의 여러 물건을 내려놓고 수로왕과 결혼했다고 한다. 이는 가야의 왕비족이 중국 물품의 중개무역지인 낙랑을 오가는 상선(商船)을 운영하는 능력을 갖고 있었음을 상징하며, 실제로 인도 아요디아에서 왔다는 뜻은 아니다. 수로왕릉과 허왕후릉은 현재 김해 시내 북쪽에 남아 있다. 수로왕릉은 신라 문무왕 때에 조성된 것으로 보이며, 고려 중기까지는 잘 보존되다가 고려 후기에 한때 퇴락되었으나 조선 초기에 복구되었다.

가야산신 정견모주는 대가야의 시조인 이진아시왕의 어머니로서 그 사당인 정견천왕사(正見天王祠)가 19세기 말까지 합천 해인사 안에 있었다는 기록이 각종 지리지에 전하고 있다. 지금 해인사 안에 있는 국사단(局司壇)이 그 후신이다. 원래 가야산은 대가야의 성스러운 산으로서 그 곳에 정견모주의 사당이 있는 것은 당연한 일이다. 다만 그 곳에 해인사가 들어서게 된 것은 신라 애장왕 때에 성목태후의 후원을 얻은 승려 순응이 대가야의 마지막 왕인 도설지왕, 즉 월광태자의 후손이었기 때문이다.

순응의 조상인 대가야의 월광태자는 대가야의 이뇌왕과 신라 법흥왕 때의 왕족 비조부의 누이동생 사이에서 태어난 사람이었다. 그가 장성했을 때 대가야와 신라의 관계가 나빠지자 신라로 망명하여 벼슬을 하다가 대가야가 신라의 기습으로 멸망한 562년에 신라에 의해 대가야의 마지막 왕으로 즉위했다. 얼마 후 그는 물러나 가야산록에서 말년을 보냈는데 그 터가 지금의 월광사가 되었다고 한다.

기타 가야 사람들이 남긴 유적은 낙동강 유역을 중심으로 경남, 경북 각지에 흩어져 있는 무덤들이다. 그 중에서 분구 직경이 20미터 이상 되는 큰 것들은 가야연맹을 이루는 각 소국의 왕이나 한기(旱岐)들의 무덤으로 추정된다. 대형 분구들은 대개 일제시대에 도굴 피해를 크게 입었으나, 그럼에도 불구하고 재조사된 고령 지산동 44호분에서 많은 유물이 나왔다. 특히 3기의 대형 석곽과 32기의 소형 순장곽 속에서 많은 유물이 발견되었다. 김해 지방에서 왕릉급으로 여겨지는 고분군으로는 대성동 고분군이 있지만, 4세기 말 이후로는 더 이상 큰 고분이 만들어지지 않았다. 그렇다면 5세기 이후 후기 가야시대에는 금관국이 약세였다고 추정해 볼 수 있다.

가야 사람들은 가야가 망한 후에 대개 신라에 편입되었는데, 그들의 활약은 신라의 발전, 특히 삼국통일에 큰 역할을 하였다. 금관국의 마지막 왕인 구형왕의 셋째 아들 김무력은 신주군주(新州軍主)가 되어 관산성 전투에서 백제 성왕을 잡아 처형하는 성과를 거두었으며, 그 손자인 김유신은 삼국통일 당시 장군으로서 큰 업적을 쌓았다. 가야가 멸망한 지 100년이 넘은 7세기 후반에도 본래 임나가라, 즉 금관국 출신임을 자처한 신라 최초의 문장가 강수는, 당나라에서 온 외교문서를 막힘없이 풀어내고 또 당나라에 유려한 문장으로 신라의 뜻을 전달함으로써 큰 공헌을 하였다. 가야의 유민들은 신라 속에서 그들의 능력을 발휘하고 있었으며, 이는 옛 가야의 기개나 문화 수준이 상당한 것이었음을 보여준다.

사국시대의 제창

신라나 백제에서 유명한 황룡사지, 첨성대, 미륵사지, 정림사탑 등의 모든 유적들은 대부분 6세기 후반 내지 7세기 전반의 것들인데, 가야는 한반도에 불교문화가 융성하기 시작한 6세기 중엽에 멸망해 버려 많은 유적을 남기지 못하였다. 그러나 562년에 신라에 의해 멸망하던 그 순간까지 가야는 엄연히 한반도의 주요 세력의 한 축이었다. 엄밀히 말하면, 한국 고대사에서 삼국시대란 가야가 멸망한 후로부터 백제가 멸망한 660년까지의 98년간만 인정할 수 있을 뿐이다.

적어도 3세기 후반 이후로 가야는 한반도의 정세에서, 또 동아시아의 정세에서 주요 세력 중 하나로 기능하였으며, 이 때부터 6세기 중엽의 약 300년간은 고구려와 백제의 2 강(强)과 신라와 가야의 2 약(弱)이 뒤엉켜 상호 동맹 또는 대립하던 사국시대였다. 가야 문화는 그 이전부터 유래하여 지속적으로 독립적인 문명권을 형성해 나갔으며, 그 문화 수준은 고대 일본보다 우수하여 그들에게 교역이나 이민 등을 통해 많은 영향을 주었고, 신라나 백제에 비해서도 뒤지지 않는 것이었다.

가야의 무력도 경시해서는 안 된다. 가야에서는 환두대도, 철갑옷 등의 많은 무기와 무장이 출토되었고, 기마무사 인물상 토기와 말갑옷은 기마 문화의 파급도 인정케 한다. 특히 가야 지역에서는 다른 나라들에 비해 가장 많은 말투구가 발견되기도 하였다. 가야는 끝까지 중앙집권적인 고대국가를 이루지 못했지만, 소국연맹체의 수준이었다고는 해도 결코 만만한 약소국이 아니었다.

그러므로 앞으로는 그들의 실체를 인정하여 한국 고대사를 사국시대, 사국체제로 변경할 것을 제창한다. 이는 이 지역이 야마토[大和] 국의 지배를 받던 곳이라거나 또는 거점이 있었다거나 하는 등의 임나일본부설, 또는 변형 임나일본부설을 물리칠 수 있는 가장 근본적인 대안이기도 하다. 또한 무엇보다도 이를 알아야 신라의 성장 과정, 고대 한일관계 등을 제대로 복원할 수 있기 때문에, 한국 고대사를 제대로 이해하기 위해서는 가야사에 대한 이해가 필수적이다.

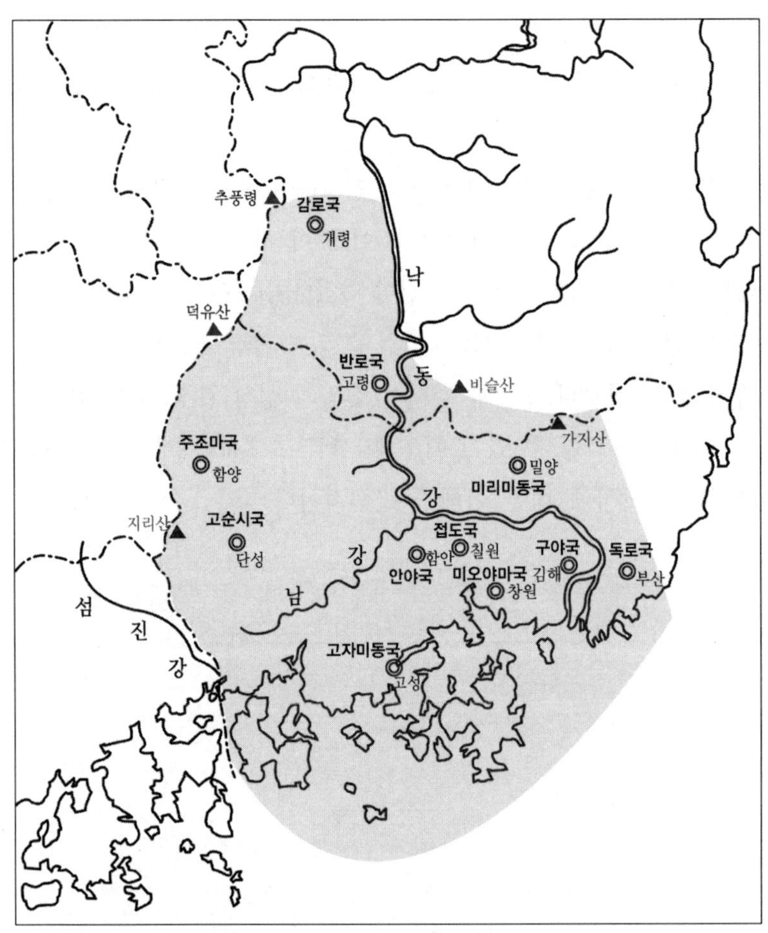

지도 1. 전기 가야 연맹(변진) 12국의 위치

① 미리미동국(彌離彌凍國)=경남 밀양시, ② 접도국(接塗國)=경남 함안군 칠원면, ③ 고자미동국(古資彌凍國)=고자국(古自國)=경남 고성군 고성읍, ④ 고순시국(古淳是國)=경남 산청군 단성면, ⑤ 반로국(半路國)=반파국(伴跛國)=경북 고령군 개진면, ⑥ 낙노국(樂奴國)=위치 미상, ⑦ 미오야마국(彌烏邪馬國)=경남 창원시, ⑧ 감로국(甘路國)=감문국(甘文國)=경북 김천시 개령면, ⑨ 구야국(狗邪國)=가야국(加耶國)=경남 김해시, ⑩ 주조마국(走漕馬國)=경남 함양군 함양읍, ⑪ 안야국(安邪國)=안라국(安羅國)=경남 함안군 가야읍, ⑫ 독로국(瀆盧國)=부산광역시 동래구

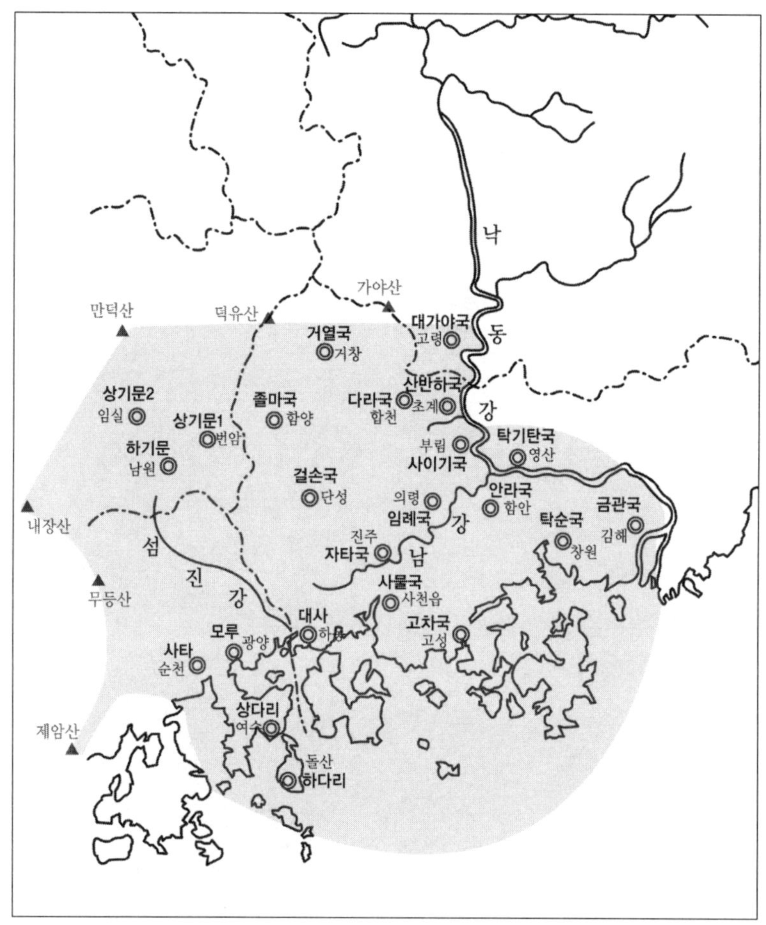

지도 2. 후기 가야 연맹 22국의 위치(5세기 후반~6세기 초)

① 대가야국(大加耶國)=가라국(加羅國)=경북 고령군 고령읍, ② 안라국(安羅國)=경남 함안군 가야읍, ③ 사이기국(斯二岐國)=경남 의령군 부림면, ④ 다라국(多羅國)=경남 합천군 합천읍, ⑤ 졸마국(卒麻國)=경남 함양군 함양읍, ⑥ 고차국(古嵯國)=경남 고성군 고성읍, ⑦ 자타국(子他國)=경남 진주시, ⑧ 산반하국(散半下國)=경남 합천군 초계면, ⑨ 걸손국(乞飡國)=경남 산청군 단성면, ⑩ 임례국(稔禮國)=경남 의령군 의령읍, ⑪ 탁기탄국(喙己吞國)=경남 창녕군 영산면, ⑫ 금관국(金官國)=남가라국(南加羅國)=경남 김해시, ⑬ 탁순국(卓淳國)=경남 창원시, ⑭ 대사(帶沙)=경남 하동군 고전면, ⑮⑯⑰ 상·하기문(己汶)=전북 남원시, 장수군 번암면, 임실군 임실읍, ⑱⑲ 상·하다리(上·下哆唎)=전남 여수시, 여수시 돌산읍, ⑳ 사타(娑陀)=전남 순천시, ㉑ 모루(牟婁)=만해(滿奚)=전남 광양시 광양읍, ㉒ 거열국(居烈國)=경남 거창군 거창읍

수로왕은 하늘에서, 허왕후는 바다에서

백 승 충 부산대학교. 사회교육학부 교수

가야의 개국신화

신화는 역사시대 이후의 후대인들이 전대 조상들의 출생과 삶을 서사시 형태로 정리한 것이다. 여기에는 우주 창조 및 인류 탄생에서부터 고대국가의 형성에 이르기까지 각 시대를 살아온 다양한 부류의 인간의 경험 및 그들의 상상력과 신앙이 농축되어 있다. 신화 속의 이 같은 요소들에는 인간이 거부할 수 없는 자연현상에서부터 그들 스스로 경험한 바 사회현상이 복합적으로 반영되어 있는데, 이런 줄거리가 후대에 어떤 계기로 어떻게 정리되느냐에 따라 신화의 유형도 달리 나타난다.

우리 나라에서도 고조선의 단군신화를 비롯하여 삼국 및 가야 각각은 그들 고유의 신화를 남기고 있는데, 정도 차이는 있으나 부분적으로는 이 같은 요소들을 모두 갖추고 있다. 그러나 대개 그 초점은 개국에 맞추어져 있고, 그 가운데서도 특히 천손강림(天孫降臨)의 난생설화(卵生說話)가 주류를 이루고 있다. 개국신화는 그 속성상 선민사상(選民思想)을 바탕으로 당대 왕실의 유구성과 개국의 당위성을 강조하는 등 고대국가 형성 과정에서 생겨난 과장된 혹은 도식화된 정치 이데올로기가 반영되기 마련이다. 따라서 신화의 내용에는 역사성과 설화성이 혼재해 있는데, 문제는 신앙 형태로 표출된 설화성을 어떻게 역사적 사실로 풀어내는가 하는 점이다.

가야의 신화에는 세 가지가 전한다. 김해 가락국의 시조 수로왕(首露王)의 개국신화와 허왕후(許王后) 도래신화, 그리고 고령 가라국의 시조 이진아시왕(伊珍阿豉王)의 개국신화가 그것이다. 이들 신화는 그 내용이나 형태에서 차이를 보이는데, 각기 독자적인 형성 과정을 거쳐 후대 사서에 별도로 정리되었을 것이다. 가야의 개국신화는 가락국과 가라국에만 전하고 있는데, 이것은 두 나라가 가야의 중심이었음을 말해주는 동시에 가야제국이 하나로 통일되지 못한 채 각기 독자적인 발전과정을 겪었던 사정과 무관하지 않을 것이다. 함안의 안라국 등도 가야의 중심국으로서 독자적인 개국신화를 갖고 있었을 가능성이 높은데, 현존하지 않는 이유는 위의 두 나라와는 달리 이를 재구성할 만한 역사적인 계기를 갖지 못했기 때문이 아닐까 한다.

즉 가락국과 가라국의 개국신화는 부분적으로『삼국사기』신라본기와 김유신열전 등에 그 내용이 보이는데, 물론 가야 존속 당시 정형화된 형태로 남겨졌던 것은 아니다. 가락국의 개국신화는『삼국유사』「가락국기」에 잘 전하는데, 기본 줄거리는 신라 문무왕대에 만들어졌을 것이다. 즉 이 때에 이르러 가락국 후손인 김유신가계가 삼국통일전쟁 과정에서 크게 활약하여 그 위상을 높이고, 문무왕 자신이 가락국의 외손으로서 시조인 수로묘에 대한 제사를 다시 모시고 있기 때문이다. 가라국의 개국신화는 『동국여지승람』 소전 「석이정전(釋利貞傳)」과 「석순응전(釋順應傳)」에 일부 전하고 있는데, '이정'과 '순응'은 해인사 창건의 주역으로 알려져 있다. 이들의 전기를 편찬한 최치원은 신라 말에 가야산 해인사에 은거하면서 일생을 마쳤는데, 여기에는 가라국 중심의 가야사 인식이 잘 반영되어 있다.

그런데 가락국과 가라국 각각에 독자적인 개국신화가 전한다고 하더라도 성격상 완전히 분리할 수 없는 특징도 아울러 가지고 있다. 「가락국기」에 보이는 바 '5(6)가야' 인식이라든지 「석이정전」과 「석순응전」에서의 두 나라의 동일한 개국기년과 개국시조에 보이는 형제관계의 묘사 등을 통해 보건대, 두 나라는 개국신화를 재구성할 당시 '가야'를 하나의 지역적·정치적 범주로 인식하고 있었음이 분명하다.

수로왕의 탄생과 가락국 건국

수로왕의 탄생과 가락국 개국 과정은 한국 고대의 여느 다른 신화와 마찬가지로 신성성과 신이성으로 가득차 있다. 가락국은 김해를 지역적 기반으로 성장한 정치체인데, 개국신화는 토착 지배자인 9 간(干)이 통치할 당시의 이 곳을 상징하는 '구지봉'을 주무대로 삼고 있다. 신화의 구체적인 내용을 전하는 「가락국기」를 대강 살펴보면 다음과 같다.

천지가 개벽한 뒤로 이 나라의 이름이 없었고 또한 군신의 칭호도 없었다. 이에 아도간(我刀干)·여도간(汝刀干)·피도간(彼刀干)·오도간(五刀干)·유수간(留水干)·유천간(留天干)·신천간(神天干)·오천간(五天干)·신귀간(神鬼干) 등 9 간이 있어 이들 추장이 백성을 통솔하였으니 100 호에 7만 5천 명이었다······ 후한(後漢) 광무제(光武帝) 건무

(建武) 18년 임인 3월 3일에 북쪽 구지(龜旨)에서 무엇이 이상한 소리로 부르는 기척이 있었다. 군중 이삼백 명이 모여들었다.…… "하늘이 내게 명(命)하여 이 곳에 나라를 세우고 임금이 되라 하시므로 여기에 왔으니 너희는 이 봉우리의 흙을 파서 모으면서 노래하되 '거북아 거북아 머리를 나타내라. 나타내지 아니하면 구워 먹으리라' 하고 춤을 추면 이것이 대왕을 맞이하면서 기뻐 날뛰는 것이라." 하니 9 간이 그 말대로 즐거이 노래하며 춤추다가 얼마 후 우러러보니 하늘에 서 붉은 줄이 늘어져 땅에까지 닿았다. 줄 끝을 찾아보니 붉은 보자기에 금합(金合)을 싼 것이 있었다. 그 합을 열어 보니 알 여섯 개가 있고 태양처럼 황금색으로 빛났다.…… 그 달 보름날에 즉위하였고 처음 나타났다고 하여 이름을 수로(首露) 혹은 수릉(首陵)이라 하고 국호를 대가락(大駕洛) 또는 가야국(伽耶國)이라고 하였다. 남은 다섯 사람도 각각 돌아가 5 가야의 임금이 되었다.

「가락국기」에 전하는 수로왕의 개국신화는 원래 고려 문종대 태강(太 康) 연간(1075~1084)에 금관지주사(金官知州事) 문인(文人)이 지은 능명 (陵銘)의 내용을 간략하게 실어놓은 것이다. 이 과정에서 편찬자인 일연의 고려 후기 역사인식과 불교적 요소가 투영되었을 것은 자명하고, 이것이 능명이다 보니 과장되고 신이한 내용도 많았을 것이다. 물론『개황록』, 「수로왕릉비문」,「김유신비문」, 김유신행록 10권, 김유신열전 등 가락국 의 역사를 다룬 기록들은 이미 신라 때부터 있었기 때문에 여기에 전하는 설화적인 내용은 상당 부분 이미 전대의 관련 사서에서 비롯되었을 가능 성이 높다.

수로왕이 등장하기 이전의 가락국의 '공간적 무대'는 '9 간'이 지배하 는 사회였다. '9 간'은 사로의 6 촌주(村主)와 비슷한데, 이들은 수로왕이 등장하기 이전에 청동기문화를 기반으로 하여 이 곳에 자리잡은 선주 지배세력으로서 '9촌'을 이루어 생활했을 것이다. 이 9간은 사로 6촌주와 마찬가지로 형식상 합의에 따라 수로를 맞이하는 것으로 되어 있다. 그러나 실제로는 9간 스스로 수로왕을 불러들였다기보다는 수로를 받아들일 수밖에 없는 상황이었을 것이다. 이는 철기문화 등 북방 선진문물을 가진 수로 집단의 우월성과 도래의 당위성을 나타내는 것인데, 비록 일본의 개국신화처럼 무장적·위압적 성격은 잘 보이지 않지만 토착집단인 9간을 압도할 만한 경제적·문화적 선진성을 가지고 있었음을 말한다.

수로왕은 3월 3일에 9간이 모인 저편 '구지봉'에서 '구지가'를 매개로 강림하고 있다. 3월 3일은 상사일(上巳日)로서 생명의 생성과 밀접한 관련을 가진 날이고, '거북'은 명계(冥界)의 수중동물로서 영적인 존재로 여겨졌다는 것은 잘 알려져 있다. 또한 구름이 걷히자 하늘에서 '붉은 줄'이 내려오고, 그 끝에 달린 '붉은 보자기'에 '황금알' 여섯 개가 싸여 있었다고 하는데, '황금알'은 역시 '붉은 빛'과 상통한다. 신라의 개국시조 혁거세 신화에서는 '푸른 빛'의 큰 알로 묘사되어 색깔에서 차이를 보이는데, 붉은색(혹은 자주색)과 푸른색은 모두 신성성을 나타낸다.

물론 '황금알'이 태양을 상징하고 '구지봉'을 무대로 농요인 '구지가'가 불리고 있는 사실을 보면, 수로신화가 후대 농경사회의 집단강우축술 혹은 풍요제의 한 유형임을 보여주는 것은 분명하다. 그러나 이것이 가락국 개국신화의 원래 모습은 아닐 것이다. 즉 김해의 입지조건과 생활기반을 참고해 보고, 또한 개국신화 자체가 이 지역의 전통 신앙 내지는 제사의 한 형태에서 발전한 것이라고 한다면, 그 무대는 원래 '강' 혹은 '바다'와 깊은 관련이 있을 것이다. 실제로 수로 강림의 중요한 매개 요소 가운데 하나인 '3월 3일 상사일'과 '거북'은 모두 강이나 바다와 직접 관련이 있고, 『삼국유사』 '어산불영(魚山佛影)' 조에서는 고기(古記)를 인용하여, "가라국(呵囉國)은 옛날 하늘에서 알이 해변으로 내려와 사람이 되어 나라를 다스렸으니 그가 곧 수로왕(首露王)이다."라고 말하고 있다. 김해는 근·원해 항해의 출발지로서 이른 시기부터 풍어·안전 항해·선진 문물의 수입을 염원하는 제사들이 발달했을 터인데, 이것이 가락국 개국신화의 성립에 바탕을 제공했을 가능성이 높다.

한편 가락국의 개국 시기는 후한 건무 18년(42)이라고 되어 있다.『삼국사기』에 따르면 삼국의 개국년은 모두 기원 전후한 시기인데, 가락국의 개국년도 삼국과 동일한 인식선상에 위치하고 있음을 알 수 있다. 가락국의 개국 기년에 대해서는 그 신빙성에 논란이 있는데, 그러나 여기서는 위만조선의 멸망과 한사군의 설치~기원 전후한 시기에 이르기까지 가락국에서는 북방으로부터 철기문화를 비롯한 선진문물이 본격적으로 유입되고 있음을 주목해야 할 것이다. 따라서 개국 기년 자체를 그대로 믿을 수는 없지만, 이 시기가 가락국으로 보아서는 사회의 질적인 변화를 모색하는 전환기였다고 할 수 있다. 그 상징성은 개국시조인 '수로'라는 인물과 김해 가락국 발전의 추진력이었던 '철'을 중심으로 하는 '대외교역'적 성격에서 잘 나타나고 있다.

개국 기년 이외에 가락국의 개국신화에서 가장 문제가 되었던 것이 '6 란설(六卵說)'에 근거한 '6 가야연맹체'의 실재 여부다. 지금까지 '6 란'은 '6 가야'의 출발점으로서, 가락국(='금관가야')을 맹주로 한 '6 가야연맹체'로 인식되어 왔다. '6 가야'는 『삼국유사』 '오가야조'에도 보이는데, 맹주국을 포함하면 모두 6 국이 된다. 그러나 '6 가야' 자체를 당대의 관념이라고 보기는 어렵고, 또한 가야 당대에는 단일 연맹체로 묶어도 좋을 만큼 하나로 통일되지 않았음이 분명하다. 신라의 혁거세 신화를 참고해 보면, 원래는 '1 란설'이었는데, 후대에 '금관가야' 중심의 맹주관이 생겨나면서 '6 란설'로 확대된 것으로 보인다. 물론 '6 가야'가 자체가 전혀 의미가 없는 것은 아니다. 왜냐하면 6 가야로 거명된 지역들은 그 당시 소국이 위치해 있었거나 가야의 전통과 문화가 후대까지 강하게 남아 있었던 지역일 가능성이 높기 때문이다.

허왕후의 도래와 가야불교

허왕후 도래신화는 『삼국유사』「가락국기」의 수로왕 개국신화에 이어 등장하는데, 인도 '아유타국(阿踰陁國)'으로부터의 도래와 수로왕과의 혼인 내용이 중심을 이룬다. 관련 내용을 요약하면 다음과 같다.

건무(建武) 24년 무신 7월 27일에 9 간 등이 왕을 뵙고 여쭐 때 자신들이 기른 처녀 가운데서 골라 왕비로 삼을 것을 권하였으나 왕은 하늘이 명령할 것이라고 말하였다. 드디어 유천간(留天干)에게 명령하여 가벼운 배와 빠른 말을 주어 망산도(望山島)로 가서 서서 기다리게 하고, 또 신귀간(神鬼干)에게 명령하여 승점(乘岾)으로 가게 했다. 문득 바다의 서남쪽으로부터 붉은 빛 돛을 달고 붉은 기를 휘날리면서 북쪽으로 향하여 오는 것이다.…… 왕후가 말하기를 자신은 아유타국(阿踰陁國)의 공주인데 성은 허(許)이고 이름은 황옥(黃玉)이며 나이는 열여섯인데 본국에 있을 때 부왕(父王)과 황후의 꿈에 상제(上帝)가 가락국왕(駕洛國王) 수로(首露)는 하늘이 내려보낸 신성한 분인데 아직 배필을 정하지 못했으니 공주를 보내어 배필을 삼게 하라고 하였다고 하여 가락국을 떠나 지금 이렇게 가까이 하게 되었다고 하였다.…… 드디어 혼인하고 그들이 타고 왔던 배는 돌려보냈는데 뱃사공은 모두 15명이었다. 각각 쌀 10석과 베 30필을 주어서 본국으로 돌아가게 했다. 8월 1일에 왕은 대궐로 돌아오는데 왕후와 함께 수레를 타고 잉신부처(媵臣夫妻)도 나란히 수레를 탔다. 한사잡물(漢肆雜物)을 모두 실려서 천천히 대궐로 들어오니 시각은 오정이 되었다.…… 후한(後漢) 영제(靈帝) 중평(中平) 6년 3월 1일에 왕후가 세상을 떠나니 나이 157세였다.

가락국의 허왕후 도래신화는 형식적으로는 수로왕과의 혼인을 전제로 한 혼인설화다. 신화 속에 종종 나타나는 형제관계의 설정이라든지 양성 간의 혼인은 집단 간의 정치적 결합 혹은 연합관계를 나타낸다고 보는 것이 일반적이다. 혼인을 매개로 한 양성 간의 결합은 '종교의식'의 하나로도 볼 수 있으나, 허왕후 도래신화에서는 다음과 같은 점을 보다 눈여겨볼 필요가 있다. 허왕후가 멀리 인도에서 선진문물을 가득 실은 배를 타고 가락국에 도착하여 수로왕과 결혼하여 왕후가 되었고 이 때 가야에 불교가 전래되었다고 말하고 있는 점이 그것이다.

물론 혼인설화라는 형식 이전에 허왕후의 도래는 그 자체로서도 신성성을 가지고 있다. 즉 수로왕이 천명을 빌어 허왕후의 도래를 예견한 점, 허왕후가 천신(天神)인 상제(上帝)의 명령으로 가락국에 오게 되었다는 점, 그리고 '붉은 돛'과 '붉은 깃발'을 휘날리며 항해하는 모습 등은 신성자(=천제자)로서의 도래의 당위성을 말하는 것임에 다름 아니다. 사실 수로왕의 개국신화도 허왕후와의 혼인을 통해 비로소 완결적인 의미를 가지게 된다.

수로왕과 허왕후의 혼인은 신성집단 간의 결합을 의미하는데, 같은 시기에 역시 신성성을 가진 탈해(脫解) 집단이 가락국에 왔다가 수로왕에게 패하여 계림(鷄林)으로 쫓겨나는 상황과는 대비된다고 하겠다. 그러나 허왕후 집단은 비록 신성족이고 결혼담을 통해 가락국 개국신화의 한 축을 담당하고 있기는 하지만, 정치세력의 면에서 볼 때 수로 집단보다는 열세였다고 할 수 있다. 왕비족으로서의 위상에 만족한다든가, 독자적인 난생설화를 가지지 못한다든가, 도래과정이 개국설화의 모습을 취하지 못하고 이 지역의 전통적인 유희(遊戱)로서만 전하는 이유도 여기에 있다.

그런데 허황후 설화와 관련하여 가장 문제가 되는 것이 허왕후의 출자(出自)다. 「가락국기」에서는 인도 '아유타국'에서 온 것으로 되어 있는데, 이를 근거로 그녀의 출자를 인도 갠지즈 강 상류에 있던 불교왕조 아유타국(=아요디아왕국)설, 아요디아 왕조가 식민국으로 건설한 태국 메남 강의 아유티야설, 아요디아를 거쳐 중국 사천성 안악현에서 온 허씨족 소녀설 등이 제기된 바 있다. 이와는 전혀 다른 견해도 있는데, 일본열도에서 돌아온 가락국 왕녀설과 낙랑에서 온 상인설 등이 그것이다. 가락국 왕녀설과 낙랑 상인설을 제외하면 모두 인도 불교의 전래와 연결짓고 있음을 알 수 있다. 실제로 '가야(伽耶, kaya)'는 인도의 산 이름 혹은 드라비다 어로는 '물고기'라는 뜻이고, 불교 경전에도 자주 나오는 '가라(伽羅, kara)'는 '향목(香木)' 혹은 16 나한(羅漢) 중 하나인 제7나한의 이름이기 때문에 '인도' 출자설 자체가 전혀 근거가 없다고는 할 수 없다. 그러나 삼국과 비교해 볼 때 1세기 전반에 인도에서 김해 가락국으로 불교가 전래되었다고 하는 것은 전혀 믿기 어려운데, 가락국 불교는 452년 왕후사(王后寺) 창건을 전후하여 전래된 것으로 보는 것이 타당하다.

그렇다면 허왕후는 어디서 왔을까? 허왕후가 올 때 '한사잡물(漢肆雜

物)’ 등 중국계 물건과 금수능라·의상필단·금은주옥·경구복완기 등
선진 문물을 가져온 점, 천부경·종정감·사농경 등 중국계 관직을 칭하
고 있는 점, ‘황옥’이라는 이름이 중국 ‘황제’와 관련이 있다는 점 등을
감안해 볼 때 허왕후는 북방 유이민 집단과 직접 관련이 있는 것으로
추정된다. 즉 허왕후 집단의 도래는 위만조선 멸망과 한군현 설치 이후
이 지역과 북방지역과의 인적·물적 교류의 산물로 볼 수 있지 않을까
한다. 김해 가락국의 대외교역상의 유리한 입지조건이 허왕후의 도래를
통해 보여주는 선진문물의 상징인 ‘선박신앙’과 결합한 것이다.

　다음으로는 허왕후 도래신화와 가락국 불교 전래의 상관성 문제인데,
양자가 결합하게 된 계기는 무엇이었을까? 「가락국기」에 보면 허왕후는
불교가 번성한 인도 아유타국에서 왔다고 되어 있는데, 『삼국유사』 ‘금관
성파사석탑(金官城婆娑石塔)’ 조에는 허왕후가 바다를 건너올 때 파사석
탑을 가져왔다고 한다. 이 탑은 원래 호계사에 있었다고 하는데, 지금은
허왕후릉에 그 잔해가 남아 있다. 파사석탑은 5층으로 4면으로 모가
나 있는데, 표면에 붉은 반점이 있고 석질이 매우 부드럽다. 이 돌은
이 지방에서는 없고 중국의 남해지방 또는 인도에서 난다고 한다. 지금도
용원·녹산·명지 등에는 허왕후의 도래 및 파사석탑과 관련된 설화가
많이 전하는데, 특히 진해 용원에는 1908년에 세워진 유주비각(維舟碑閣)
이 있고 왕후가 ‘돌배[石舟]’를 타고 와서 정박한 곳이라고 하여 마치
거북 등 모양을 한 바위 위에 ‘망산도(望山島)’라는 글귀가 새겨진 돌이
있다.

　이들 이야기는 가락국의 불교가 허왕후 도래 때 가져온 파사석탑과
함께 인도에서 전해졌음을 말해주는데, 전형적인 탑상연기설화(塔像緣起

44

說話)라고 하겠다. 이것을 그대로 믿을 수 있을까? 김해지역은 개방된 입지조건으로 인해 이른 시기부터 대외교역에서 중심적인 역할을 했는데, 이 과정에서 불교사상을 비롯한 여러 외국문화와 쉽게 접촉할 수 있었을 것이다. 다만 현재까지의 자료로 보는 한 이 지역의 불교 전래가 인접한 신라보다 빨랐다는 증거는 사실상 없으며, 특히 남방불교의 전래와 관련하여 이 지역에는 여러 유적과 설화(신어산 은하사, 녹산 명월사, 불모산 장유암, 삼랑진 만어사, 하동 칠불암 등)가 산재해 있지만 모두 후대의 것으로서, 이른 시기의 가야불교와 직접 관련짓기는 어렵다.

또한 같은 '금관성파사석탑' 조에 의하면 허왕후를 맞이한 지 150년이 지난 후에도 김해 가락국에는 절을 세우고 불법을 신봉하지 않았고, 파사석탑도 풍랑을 일으키는 수신(水神)의 노여움을 피하기 위해 싣고 온 것으로 말하고 있다. 그리고 가락국 제8대 질지왕(銍知王) 2년 임신(452)에는 왕후사(王后寺)를 세워 복을 빌고 풍랑이 잠들도록 신령께 빌면서 왜적(倭賊)까지 막았다고 한다. 이들 기록에 근거해 보면 허왕후의 도래와 파사석탑은 불교전래와 직접적인 관련이 없음을 알 수 있다. 다만 왕후사가 창건되면서 이는 파사석탑이 상징하는 불법으로 왜적(국)을 물리친다는 호국관념과 결합하게 된 것으로 보인다. 따라서 허왕후 신화에 불교적 요소가 첨가된 것은, 수로왕 개국신화가 서사시 형태로 갖추어지고 왜에 대한 적대의식이 최고조에 달한 신라 문무왕대였다고 보아야 할 것이다.

가락국 건국신화의 의미

김해에서는 해마다 수로가 왕위에 오른 음력 3월 15일을 기해 '가락문화제'를 개최한다. 이 축제는 수로왕의 탄강과 가락국 창업을 기리기 위한 것인데, 여러 행사 가운데서도 개국신화의 재현과 함께 수로왕과 허왕후의 결혼 과정을 묘사한 수로왕 혼례길의 재현이 가장 두드러진다. 이 행사는 물론 근래 새롭게 재구성된 것이지만, 그 전통은 『삼국유사』 「가락국기」나 『동국여지승람』에서부터 이미 보이고 있다. 즉 김수로왕과 허왕후는 이 지역에서는 각각 '김수릉'과 '허수릉'으로 칭해질 정도로 그 인식이 높았고, 다만 그 표현 방식이 각각 달리 나타났을 뿐이다.

즉 수로왕 개국신화의 주요 내용은 제의(祭儀)의 형태를 빌어 이른 시기부터 이 지역에서 연례행사화되었던 것으로 추정된다. 그 획기가 된 것이 신라 문무왕대로서, 문무왕은 가락국이 멸망한 이후 끊어졌던 시조 수로왕에 대한 제사를 재개하였다. 이후 약간의 부침은 있지만 그 제향은 계속 이어져 내려왔을 것이다. 반면 허왕후의 도래신화는 독자적인 형태가 아니라 수로왕과의 혼인설화로만 전할 뿐이고, 허왕후 에 대한 후대인들의 추모도 수로왕과는 달리 제사 형태가 아니라 단순히 놀이로만 전해 올 따름이다. 그러나 수로왕 개국신화와 허왕후 도래신화 의 참모습은 이 지역의 전통신앙, 불교신앙의 전래, 그리고 양자의 접합 과정에서 찾을 수 있다.

수로왕의 개국신화는 그 자체로서도 천·지·명 3계의 구성 요소를 가지고 있는 전형적인 신화체계를 갖추고 있다. 구지봉은 성산으로서 신성한 '자주빛 줄[紫繩]' 혹은 '새[鳥]'로서 천상과 연결되는데, 후대의 제례 관념에서 보면 성(聖)과 속(俗)의 전이(轉移)가 이루어지는 곳이라고 하겠다. 특히 개국신화와 3월 '불계행사(祓禊行事)'의 결합은, 신성화 과정 으로서의 '푸닥거리'의 의미를 갖는 동시에 강과 바다를 생활기반으로 삼는 이 지역의 전통적인 제사행위와 관련지을 수 있다. 따라서 수로신화는 이 지역의 전통신앙과 밀접하게 관련되어 있음을 알 수 있고, 허왕후 신화와 달리 불교적인 색채가 희미하게 나타나는 것도 이와 무관하지 않을 것이다.

반면 허왕후 도래설화는 비록 혼인담으로서 수로왕 개국신화의 주요 부분을 차지하고, 신천지를 개척하는 '선박신앙'으로 무장한 도래자로서의 신성성은 가지고 있으나, 독자적인 신화체계를 갖추고 있다고는 볼 수 없다. 허왕후 신화의 본질은 바로 불교신앙과의 접합에 있다고 하겠다. 허왕후와 인도, 허왕후와 파사석탑, 허왕후와 왕후사 창건, 왕후사 창건과 불법을 통한 왜적 방어 등 허왕후 신화에 개재되어 있는 핵심 요소들은 모두 불교와 관련되어 있다. 그러나 이러한 불교적 요소들은 후대에 이 지역의 불교 성행과 맞물려 재구성된 것이다. 문제는 이 지역에서 유행하게 된 불교사상과 그 이전에 있었던 전통신앙과의 관련이다. 허왕후 신화의 신성화 과정은 수로왕 신화의 기반이 된 전통신앙이 불교에 의해 대체되는 과정과 맥락을 같이한다고 볼 수 있다. 이와 관련하여 『삼국유사』 '어산불영(魚山佛影)' 조의 다음 기록은 시사하는 바가 크다.

가라국(加羅國)은 수로왕(首露王)이 다스렸는데 경내(境內)의 옥지(玉池)에 있는 독룡(毒龍)과 만어산(萬魚山)의 다섯 나찰녀(羅刹女)가 서로 왕래하며 교통하므로 4년이 지나도록 곡식이 되지 않았다. 왕이 주술로도 금하지 못하자 머리를 조아려 부처님을 청하여 설법한 뒤에야 나찰녀들이 5 계(戒)를 받아 후환이 없어졌다. 그러므로 동해의 어룡(魚龍)들이 구렁의 돌로 변하여 각각 경쇠 소리가 났다고 했다. [이상은 고기의 기록이다]

주술을 행하는 수로왕은 '정치적 지배자'인 동시에 '제사장'으로서의 성격을 잘 나타내주고 있다. 가락국 수로왕의 통치 능력이 불교의 설법과 비교되는 것은 이례적인데, 여기에서 등장하는 독룡은 제사장으로서 수로가 받드는 토착종교 혹은 토착종교의 신격을 상징한다. 따라서 이 기사는 토착종교와 불교와의 갈등을 표출한 것으로 볼 수 있는데, 이를 계기로 불교는 점차 토착종교를 대체해 나갔을 것이다. 이 과정에서 전통신앙에 기반을 둔 수로왕 신화의 신성성은 약화되고 불교신앙으로 채색된 허왕후 신화가 그것을 대신하였을 것이다. 수로왕의 개국신화와 허왕후 도래신화의 의미는 바로 여기에 있다.

참고문헌

정중환, 「삼국유사와 일본서기에 보이는 불계사상」, 『동국사학』 15 · 16, 1981
　　　/ 『가라사연구』, 혜안, 2000.
이 옥, 「수로왕 신화」, 『최호진박사화갑기념 한국경제사학논총』, 서문당, 1982.
김화경, 「수로왕 신화의 연구」, 『진단학보』 67, 1987.
성기옥, 「'구지가'의 작품적 성격과 그 해석(1)」, 『울산어논문집』 3, 1987.
이강옥, 「수로신화의 서술원리의 특수성과 그 현실적 의미」, 『가라문화』 5,
　　　경남대학교 가라문화연구소, 1987.
정중환, 「가락국기의 문헌학적 연구」, 『가야문화』 3, (재)가야문화연구원, 1990.
백승충, 「허왕후 초행로」, 『한국문화연구』 4, 부산대학교 한국문화연구소, 1991.
부산 · 경남역사연구소, 「수로왕과 허왕후」, 『시민을 위한 가야사』, 집문당, 1996.
부산 · 경남역사연구소, 「허황옥과 불교 전래」, 『시민을 위한 가야사』, 집문당,
　　　1996.
김태식, 「가락국기 소재 허왕후 설화의 성격」, 『한국사연구』 102, 1998.
김두진, 『한국고대의 건국신화와 제의』, 일조각, 1999.
백승충, 「가야의 개국설화에 대한 검토」, 『역사와 현실』 33, 1999.
백승충, 「가야 건국신화의 재조명」, 『한국 고대사 속의 가야사』, 혜안, 2001.
이영식, 「신화와 역사」, 『한국사와 한국인』, 선인, 2001.

가야토기에서 역사를 본다

박 천 수 경북대학교 고고인류학과 교수

머리말

가야토기는 삼국시대의 신라토기와 함께 원삼국시대의 와질토기에서 발전한 것으로, 도차(陶車)로 성형하여 1000도 이상의 고온을 내는 등요(登窯)에서 환원염(還元焰)으로 구워 흙 속에 포함된 규산이 유리질화 되어 침수성이 없어진 회청색 경질토기로서, 낙동강 이서지역에서 분포한다.

가야토기의 출현은 김해 대성동 29호묘와 양동리 235호묘 출토품으로 볼 때 3세기 중엽을 전후한 시기로 추정되며, 그 기원은 기형, 자연유, 성형법 등으로 보아 한(漢)의 회유도에서 유래한 것으로 파악된다. 가야토기는 제작기술 면에서 이전 시기의 토기들과는 차이를 보이며 점토의 선택이나 제작 면에서 원삼국시대의 와질토기와는 달리 전업적 생산체계에서 제작된 것이다.

가야토기와 신라토기는 영남지역을 관통하는 낙동강이라는 자연지리적 경계와 일치하여 주로 5세기 이후 그 양식적 차이가 뚜렷해진다.

낙동강 이서지역은 가야양식 토기가 분포하고, 그 이동지역은 신라양식 토기가 분포한다. 이와 같이 가야와 신라 토기는 영남지방을 가야권과 신라권으로 구분해 주는 기준이 되며, 또한 가야권에서도 여러 세력권을 구분하는 주요 기준이 되고 있다.

즉 가야양식 토기는 지역차에 따라 소지역 양식으로 세분화되어 크게 4세기대에는 김해 금관가야 양식, 함안 아라가야 양식, 5세기대에는 아라가야 양식, 고령 대가야 양식, 고성 소가야 양식으로 분류된다. 이들 각 양식의 토기는 한정된 하나의 분지를 넘어 여러 분지와 수계에 걸쳐 분포하는데, 이는 각각 금관가야, 아라가야, 소가야, 대가야라는 정치체의 권역에 대응하고 있다.

토기는 반드시 필요물자는 아니지만 사람, 물자와 함께 이동하기 때문에 지역 간의 물자교류 양상을 파악할 수 있어, 철 등의 유통권이나 그 루트를 살펴보는 데 중요한 단서인 고고자료이다. 또 삼국시대의 토기양식은 신라의 낙동강 이동지역으로의 진출, 백제의 금강 이남지역으로의 진출, 대가야의 경남 서부와 호남 동부지역으로의 진출에 따른 토기양식의 확산, 대가야 멸망 후 신라양식으로의 교체 등에서 확인되는 바과 같이 정치적·경제적 관계와 그 변화를 분명하게 반영하고 있다.

즉 4세기 후엽과 5세기 전엽 동래지역과 옛 김해만 일대에서 신라양식 토기가 출현하고, 6세기 중엽 가야지역에서 신라후기양식 토기로 교체되는 것은 각각 금관가야의 쇠퇴와 가야의 멸망을 나타내는 것으로서, 토기양식이 정치적 변화를 민감하게 반영하고 있음을 보여준다.

이와 같이 가야토기는 문헌사료로는 살피기 어려운 가야세력의 시기별 판도와 변화 등의 정치적 동향을 잘 반영하고 있어 가야고고학 연구의 가장 중요한 자료가 된다고 할 수 있다.

여기에서는 3세기 후엽에서 6세기 중엽까지의 가야양식 토기의 시기별 분포의 변화와 당시 가야와 활발하게 교섭한 일본열도에서 출토된 가야 토기를 통하여 가야세력의 정치적 동향을 살펴보고자 한다.

가야의 토기양식

1) 금관가야양식(그림 1)

금관가야는 낙동강 하구의 교통의 관문인 옛 김해만을 중심으로 주변의 부산·진영·진해를 포괄하는 지역으로, 가야 전기의 중심국이다. 금관가야양식을 대표하는 특징적인 기종으로는 노형기대와 외절구연고배를 들 수 있으며, 일본열도의 하지키[土師器]를 모방한 하지키 계 연질토기 역시 이 지역에서 주로 확인되는 기종이다.

외절구연고배(高杯)는 배신(杯身) 상부에서 한번 꺾여 구연이 외반하는 형태를 취한 것이 특징인데, 대각(臺脚)은 짧은 것에서 긴 것으로 변화하며 투창이 없는 것에서 뚫리는 것으로 변한다.

노형기대는 전대의 와질토기에서 유래한 기종으로, 다른 지역과는 달리 동체부에 손잡이가 달려 있다. 손잡이 단면은 원형에서 장방형으로 바뀌고 다시 세장방형으로 변화한다.

금관가야양식 토기는 4세기 후반 신라가 낙동강 하구에 영향력을 행사하는 가운데 쇠퇴하기 시작하여, 5세기 이후에는 신라양식으로 변화하게 된다. 그러나 이 금관가야양식 토기는 4세기 후반 일본열도로 전래되어 스에키[須惠器]의 원류가 된다.

2) 아라가야양식_(그림 2, 3)

변한 이래 가야 후기까지 유력한 세력이었던 아라가야의 중심지는 함안이었다. 이 지역은 낙동강과 남강이 합류하는 곳의 남쪽에 위치하며, 남강 및 낙동강을 통해 가야 전 지역으로 연결되는 교통의 요충이다.

함안지역의 특징적인 토기로는 4세기대의 공(工)자형고배, 노형기대, 양이부승석문타날호(兩耳附繩蓆文打捺壺)와 5세기대의 화염형투창고배, 고배형기대 등이 있다. 4세기대 아라가야양식의 통형 또는 공(工)자형고배, 노형토기, 양이부승석문타날호는 남강수계, 황강수계, 낙동강 상·중류역의 교통로를 따라 가야토기 가운데 가장 넓은 분포권을 형성하였다.

공(工)자형고배는 이전 시기의 목제두(木製豆)를 모방·제작하였을 가능성이 높으며, 끝 부분에서 넓게 벌어지고 배신은 매우 얕다. 대각에는 무늬가 없는 것도 있으나 삼각형이나 직사각형, 쐐기형으로 문양을 찍거나 투공을 뚫어 장식한다.

화염형투창고배는 대각에 화염형 투창이 뚫려 있는 것으로 고배의 크기가 대형에서 소형으로, 화염부가 횡타원형의 불꽃길이가 짧은 것에서 원형의 불꽃길이가 길어지는 형태로 변화한다.

노형기대는 금관가야양식과는 달리 손잡이가 없고 배신에 비하여 대각이 길고 나팔 모양으로 넓게 벌어지며 신부가 얕은 것이 특징이다. 대각에는 삼각형이나 장방형의 투공을 뚫고 문양을 베풀기도 하였다.

고배형기대는 대각이 넓고 완만하게 벌어지는 것에서 점차 대각 상부가 축약되고 벌어지는 폭도 좁아들어 대각이 원통과 비슷하게 변화한다. 또한 다른 지역과는 달리 늦은 시기까지 배신이 깊은 형태를 유지한다.

통형기대는 대각이 엎어놓은 바리 모양이고 수발부는 깊은 접시 모양을 하고 있으며, 다른 지역의 기대에 비해 돌대가 강하게 돌출하며 몸통 부분에 사격자문이나 삼각거치문을 베풀기도 하였다.

3) 소가야양식(그림 4)

소가야권역은 5세기대 이 지역의 특징적인 토기인 삼각투창고배, 수평구연호, 기대의 분포로 볼 때 해상교통의 요지인 고성반도를 중심으로 남해에 면한 사천지역과, 산청, 진주를 비롯한 남강 중류역을 포괄하는 지역으로 파악된다. 4세기 후반과 5세기 전반 소가야양식 토기가 남강 상·중류역과 황강 상·중류역을 따라 분포하고 있어, 소가야가 북서쪽의 남강지류에 연한 곡간(谷間)통로를 통해 내륙지역과 관계망을 형성하고 있었음을 알 수 있다.

삼각투창고배와 대각 하단에 돌대가 돌려진 일단장방형투창고배는 소가야양식 고배의 특징적인 기종이다. 삼각투창고배는 시간이 지나면서 뚜껑받이 턱의 돌출도가 약해지고 투창수가 줄어들며 소성도가 약해진다. 일단장방형투창고배는 대각 하단에 돌려진 돌대의 돌출도가 약한 것에서 강한 것으로 형식이 변화한다.

수평구연호는 소가야양식 토기의 대표적인 기종으로, 구연부 형태가 일정한 면을 가지고 수평을 이루는 특징을 갖고 있어 붙여진 이름이다. 시간이 지남에 따라 크기가 작아지며, 구연부가 외경하는 형태에서 수평화 또는 외절하는 형태로, 경부가 곡선에서 직선으로, 저부가 원저에서 평저로 변화한다.

광구장경호는 소가야양식의 특징적인 기종으로, 경부의 외반도가 심해지고 동체에 비해 커지는 방향으로 변화한다.

대부직구호는 아라가야양식과 소가야양식에 존재하는 기종이다. 양자
는 공통적으로 구연부와 대각이 축소되는 변화를 보이지만, 전자는 구(舊)
말산리 34호분 출토품과 같이 상하일렬투창이고, 후자는 상하교차투창
이라는 차이를 보인다.

고배형기대는 배신과 대각의 접합부위가 좁은 것이 특징이며, 초기의
것은 배신이 깊고 넓고 완만하게 외반하는 대각을 가졌으나, 점차 배신이
직선적으로 외반하고 구연이 수평으로 꺾이며 대각지름이 좁은 특징적인
형태로 변화한다.

통형기대는 직선으로 벌어지는 대각과 오목한 접시 모양의 수발부가
특징적이다. 외형적으로는 신라의 기대와도 비슷한 점이 있으나 투창과
수발부 모양에서 차이가 난다. 수발부에 턱이 있는 것과 없는 것, 투창
모양이 삼각형인 것과 장방형인 것에 따라 세분된다. 대체적으로 몸통과
대각의 구분이 명확한 것에서 그렇지 못한 것으로 퇴화한다.

4) 대가야양식(그림 5 · 6)

대가야의 중심지는 고령 분지를 중심으로 북쪽에서 흘러 내려오는
대가천과 서쪽에서 흘러 들어오는 안림천, 그리고 두 하천이 만나 낙동강
으로 합류되는 회천변의 곡간(谷間)분지에 형성되어 있다. 고령지역은
회천을 따라 남쪽으로 내려가면 쉽게 낙동강에 접근할 수 있고, 안림천
지류에 연한 곡간통로를 따라 서쪽으로 나아가면 황강 중류역에 접할
수 있는 교통의 요충이다.

4세기까지 대가야는 내륙의 소국에 불과했으나 안림천 수계에 속한
합천 야로(冶爐)의 철산개발과 5세기 초 광개토대왕의 남정으로 가야

남부의 금관가야 및 아라가야가 쇠퇴한 것을 계기로 가야 북부의 세력을 영도하여 가야 후기의 중심국으로 성장한다. 대가야양식 토기는 고령 지산동 35호분 단계인 5세기 초에 성립하여 고령을 중심으로 대가야권역 내에 포함된 합천, 거창, 함양, 남원, 장수, 진안, 구례, 순천, 여수 지역에서 6세기 중엽까지 분포권을 형성한 토기군을 지칭한다.

4세기대 대가야의 노형기대는 저평형과 장각형이 있는데, 저평형은 대구·창녕 지역과 황강 중류역의 봉산지역에 분포하는 범 낙동강 유역 양식이나, 장각형은 아라가야양식의 영향을 받은 것으로 파악된다.

통형기대는 다른 지역의 기대에 비해 일찍부터 정형화 되었으며 수발부는 목항아리 모양이고 대각은 엎어놓은 바리나 종 모양을 하고 있다. 측면에 붙은 뱀 모양 봉상돌대가 특징이며 대각 및 몸통의 투창 모양, 봉상돌대를 통해 변화를 살펴볼 수 있다. 대각은 완만한 바리 모양에서 종 모양으로 높아지고, 몸통의 투창은 방형에서 삼각형으로 변화한다. 뱀머리 모양 봉상돌대의 끝부분 형태도 시간이 지남에 따라 평면 형태가 능형에서 사각형으로, 단면이 삼각형에서 장방형으로 변화한다.

고배형기대는 배신이 깊은 것에서 얕고 크게 벌어지는 것으로 변화하며 구연은 노형기대의 흔적인 굴곡이 남아 있는 것에서 굴곡이 없는 것으로 변화한다. 대각은 완만하게 벌어지는 것에서 곧게 뻗어 내리는 것으로 바뀐다. 고배형기대는 아라가야와 소가야 양식에 비해 대각의 폭이 넓어 전체적으로 안정감을 주고, 대각에는 아치형투창을 장식하다가 삼각형투창으로 바뀌어 쇠퇴기까지 계속된다. 배신에는 솔잎 무늬[松葉文]를 주로 베풀었는데 쇠퇴기에는 무문화 한다. 유문계는 각부에 비해 배신이 얕아지는 데 대해, 무문계는 대각에 비해 배신이 깊어지는 변화

양상을 보인다.

고배는 4세기대 형식의 경우 자료가 부족하여 잘 알 수 없으나, 5세기 전엽에는 아라가야와 소가야 양식에 비해 대각의 폭이 넓어 전체적으로 안정감을 주는 유개식(有蓋式) 고배가 등장한다. 개(蓋)의 꼭지는 보주형, 단추형, 유두형이 있으며, 천정부는 불룩한 것에서 비스듬한 것을 거쳐 평평한 것으로 변화한다. 대각은 출현기에는 세장방형의 2단직렬(直列) 투창이, 그 후 1단투창으로 바뀌고, 종말기에는 원형투공으로 바뀐다. 그리고 시간이 지남에 따라 대각이 낮아지고 통통해지면서 전체적으로 납작해진다. 뚜껑의 꼭지손잡이 모양은 단추형과 유두형이 있다.

대가야양식 장경호는 밀집파상문을 경부에 베푼 유개식(有蓋式)이 주류를 이루어 아라가야와 소가야 양식과 구별되는 특징을 갖고 있다. 장경호는 원저에서 평저로, 동체가 경부보다 큰 것에서 작은 것으로, 뚜껑받이 턱은 돌출도가 큰 것에서 작은 것으로 변화한다.

파수부완은 대각이 있는 것과 없는 것 두 종류가 있으나 형식변화의 방향성은 일치한다. 즉 완의 형태는 곡선적인 것에서 직선화되고, 장식된 파상문은 파수(波數)가 줄어드는 변화를 보인다. 대각은 동체보다 점차 작아지고, 八자형에서 사다리 모양으로 바뀌게 된다.

파수부옹은 파수 끝부분이 C자상으로 말린 것이 특징이다. 이 기종은 적색연질에서 회청색경질로, 파수의 끝부분이 C자상으로 말린 것에서 펴진 것으로, 동체가 길고 곡선적인 것에서 짧고 직선적인 것으로 변화한다. 그 외 저평통형기대, 환형파수부연질개(環形把手附軟質蓋), 유두형 꼭지 또는 보주형 꼭지가 달린 바닥이 넓고 납작한 개배도 대가야양식의 특징적인 기종이다.

일본열도 출토 토기를 통해 본 가야와 왜

1) 3~4세기 일본열도 출토 가야토기

금관가야양식(그림 7)

오사카후[大阪府] 구메다[久米田] 방분(方墳)의 고배형기대는 배신의 타래문, 집선문, 파상문의 구성과 각부의 즐치문을 세로로 나열하여 베푼 점 등 그 세부에 이르기까지 김해 대성동 1호묘, 부산 복천동 31호묘 출토품과 유사하다. 기후켄[岐阜縣] 요로이츠카[鎧塚] 출토 통형기대는 4세기 제3/4분기의 김해 대성동 1호묘 출토품에서 그 유례가 확인되고, 또 대성동 고분군에서 토우를 붙인 예가 보이는 것에서 금관가야 양식으로 파악된다. 나라켄[奈良縣] 야마다미치[山田道] 유적에서 출토된 무개식 고배는 외절구연 고배로서 화명동 2, 7호묘 출토품과의 유사성이 지적되었다. 또한 기후켄 아소비츠카[遊塚] 출토의 파수부단경호(把手付短頸壺)의 뚜껑은 일찍부터 부산 화명동 7호묘 출토품과의 유사성이 지적되어 왔다.

아라가야양식(그림 8)

쓰시마[對馬]의 다이쇼군야마[大將軍山] 고분 출토 승석문타날호는 두 귀를 가진 직립하는 구연부를 가지고 저면에 타원형 예쇄기호가 있는 것으로, 도항리 고분군을 비롯한 함안지역에서 집중적으로 출토된다. 3세기 제2/4분기 전후의 아라가야양식으로 판단된다. 쓰시마의 아사히야마[朝日山] 고분과 고후노사에 유적, 오사카후 히아리야마[日明山] 유적, 시마네켄[島根縣]의 가미나가하마[上長浜] 패총 등의 유적에서 출토된 승석문타날호는 4세기대 전반의 아라가야양식으로 파악된다.

스에키[須惠器]

가가와켄[香川縣]의 미야야마요[宮山窯], 미타니사부로이케요[三谷三郎池窯] 등 초기 스에키 요에서 출토된 통형 각부에 능형 혹은 원형의 투공을 가진 통형 고배는 아라가야양식으로 파악된다.

오사카후 오바테라[大庭寺] 유적의 가마유구인 TG231, TG232 자료는 1세대 가야 공인에 의해 처음으로 제작된 회청색 경질의 스에키로 평가된다.(그림 7) 이 유적의 고배는 큰 대각 투창의 형태에 따라 삼각형, 장방형, 능형으로 분류할 수 있다. 그 중에서 삼각형투창의 고배는 소가야양식으로 판단되며, 고성을 중심으로 하는 경남 서부지역에서 그 계통을 찾을 수 있다. 장방형의 다투창을 가진 고배와 통형의 원형투창을 가진 고배는 함안지역에 주로 분포하고 있어 아라가야 양식에서 그 계통을 찾을 수 있다. 통형기대는 부산의 화명동 7호묘 출토품과 유사하다. 이 유적의 고배형 기대는 배신 문양이 파악되어, 초기 스에키 공인의 계통을 파악할 수 있는 중요한 자료이다. TG232 출토 기대는 이 시기 영남지역 가운데 김해, 부산 지역 특히 복천동 21·22호분, 10·11호분에서 가장 유사한 형식이 확인된다.

오바테라[大庭寺] 유적 출토의 초기 스에키는 크게 분류하면 기대류는 김해·부산 지역, 고배 등은 함안·고성 등 경남 서부지역 출신의 공인이 제작하였을 가능성이 높다. 이들 공인 가운데 수장묘에 사용된 대형 기대류를 제작한 김해·부산 지역 공인이 중심적인 역할을 한 것으로 파악된다.

2) 5~6세기 일본열도 출토 가야토기

소가야양식(그림 9)

쓰시마의 에비스야마[惠比須山] 2호묘, 고후노사에, 도토코야마 유적의 삼각형투창고배는 소가야 양식으로 경남 서부에서 반입된 것이다. 시가켄[滋賀縣] 이리에나이코[入江內湖] 유적과 후쿠오카켄[福岡縣] 요시타케[吉武] 유적 출토의 일단장방형투창고배는 대각 하위에 1조의 돌대를 돌린 형식으로, 고성 등 소가야권에서 반입되었다. 구마모토켄[熊本縣] 모노미야구라[物見櫓] 고분 출토 유공광구소호는 이중구연을 특징으로 하는데, 최근 고성 내산리고분군과 송학동고분군에서 집중적으로 출토되고 있어 소가야양식으로 판단된다.

대가야양식(그림 10)

5세기 후엽에서 6세기 전엽이 되면, 고령 대가야양식 토기의 출토예가 증가한다. 후쿠오카켄·에히메켄[愛媛縣]·시가켄[滋賀縣]·오사카후·기후켄·도야마켄[富山縣] 등에서 대가야양식 토기가 출토되고 있다. 경부에 파상문을 가진 유개식(有蓋式)의 고령지역 특유의 장경호는 후쿠오카켄의 요시타케[吉武] 유적 16지구, 에히메켄 기노모토[樹之本] 고분, 시가켄 이리에나이코 유적, 기후켄 곤겐야마[權現山] 유적, 도야마켄 등 넓은 범위에서 출토되었다. 고배는 후쿠오카켄 이케우라[池浦] 고분, 시가켄 이리에나이코 유적 등에서 확인되었다. 파수부유개완은 구마모토켄 모노미야구라[物見櫓] 고분에서 출토되었다.

스에키

5세기 전엽 후쿠오카의 고데라[古寺] 고분군, 이케노우에[池上] 고분군

에서는 삼각형투창고배와 함께 수평구연호, 고배형기대, 유공광구소호
가 출토되었다. 이러한 토기는 형식과 기종의 구성에서 소가야양식으로
판단되나, 기형과 태토에 차이가 있어 후쿠오카의 아사쿠라[朝倉] 산으로
파악된다. 이러한 초기 스에키는 당시 규슈 지역과 밀접한 관계가 있던
소가야지역의 공인에 의해 제작된 것으로 판단된다.

토기양식의 분포와 변화를 통해 본 가야세력의 동향

3세기부터 4세기 후반 아라가야양식 토기의 특징적인 기종은 노형기
대, 고배, 승석문양이부호이며, 그 분포의 중심은 함안분지를 둘러싼
남강 하류역 양안(兩岸)과 진동만 일대이다. 아라가야양식 토기는 남강
유역의 경우 중류역의 산청, 삼가지역에서 출토한다. 황강 유역에서도
그 중류역의 합천 저포리지역에서 노형기대, 고배형기대, 고배, 양이부승
석문타날호와 같은 기종조합이 일치하고 그 형식변화가 아라가야양식과
유사하여 남강과 황강수계를 포함하는 광역분포권을 형성하였음을 알
수 있다.

또 아라가야양식 토기는 금관가야권과 신라권인 경주지역을 비롯하여
구미, 대구, 청도, 경산, 울산지역까지 넓은 범위에 걸쳐서 반출되었고,
이들 지역의 토기 제작에도 영향을 주었다. 그리고 금강수계의 백제지역
으로까지 반출된 것이 확인된다. 더욱 주목되는 것은 함안산의 승석문타
날호가 쓰시마의 다시쇼군야마 고분, 아사히야마 고분과 고후노사에
유적, 오사카후 히아리야마 유적, 시마네켄 가미나가하마 패총 등에서
출토하고, 아라가야양식의 통형 각부에 능형 혹은 원형의 투공을 가진
통형 고배가 초기 스에키 요인 가가와켄의 미야야마요, 미타니사부로이

케[三谷三郎池]요, 오사카후의 오바데라요 등에서 발견된다는 것이다.

아라가야양식 토기의 광역분포권은 그 세력이 남강 하류에서 수계를 거슬러 올라가 금강 상류를 통해 백제지역과 교섭하였을 뿐만 아니라, 동시에 일본열도와도 활발히 교섭하였음을 나타낸다. 또 함안 아라가야 세력은 내륙교역의 회랑과 같은 남강수계를 통해 금강유역과 남해를 연결, 백제와 왜를 중계하는 역할을 하였을 가능성도 높다.

아라가야양식 토기가 남강과 황강 수계에 걸쳐 광역분포권을 형성하였던 데 반해, 금관가야양식 토기의 특징적인 기종인 노형기대, 고배는 옛 김해만 일대, 진영 일대, 낙동강 하류역의 동안, 온천천 주변의 동래지역, 진해 부근의 남해 일대로 국한되는 좁은 분포권을 형성하고 있는 것이 주목된다. 그러나 4세기 말 오사카에서 개시된 일본 열도의 본격적인 회청색 경질토기 생산이 금관가야계 공인에 의해 주도된 점, 양동리, 대성동 고분군 출토 중국·일본열도 문물을 통해 볼 때 금관가야세력이 대외교섭의 창구 역할을 한 것으로 파악된다.

한편 고령지역 토기의 경우, 양식이 뚜렷하게 인지되지 않고, 대부분 고령지역으로 한정되어 출토하고 있어 4세기대 고령세력의 활동범위의 한계를 나타낸다.

4세기 후엽에도 아라가야양식 토기는 남강·황강 수계에 지속적으로 분포권을 형성하고 있으나 다른 지역에서는 부산을 제외하고 반출되지 않게 된다. 이는 이 시기까지 아라가야를 중심으로 한 관계망이 남강·황강 수계에서만 지속되나 그 대외활동은 쇠퇴하였음을 반영한다.

그런데 4세기 제4/4분기에는 동래지역에 신라양식 토기가 급격하게 반입되고 이 지역이 신라권역에 병합되는 대변동이 발생한다.

같은 시기 소가야양식 토기가 산청 옥산리와 합천 봉계리에서 출토되어, 소가야와 연계된 관계망이 새로이 남강과 황강 중류역에 걸쳐 형성된 것으로 보여 주목된다. 이는 전 시대 이래 아라가야가 구축하고 있었던 남강·황강 수계의 관계망에 소가야 세력이 개입하였음을 나타낸다.

5세기 제1/4분기 아라가야양식 토기는 이미 남강유역과 황강유역에서는 유통되지 않게 되고, 대신 소가야양식 토기가 남강 본류와 그 상류의 경호강과 임천강과 황강 상·중류역을 따라 집중적으로 분포한다. 이는 아라가야가 구축한 관계망이 와해되고 새로이 소가야에 의한 관계망이 형성되었음을 의미한다. 더욱이 주목되는 것은 소가야양식의 삼각투창 고배가 쓰시마의 에비스야마 2호묘, 고후노사에 유적, 도토코야마 유적에서 확인되고 고배와 함께 소가야양식의 수평구연호, 고배형기대, 유공광구소호가 규슈 지역에서 활발하게 제작된 것이다. 소가야 권역의 남강 중류역에 위치하는 산청 옥산리유적에서는 백제토기, 스에키, 하지키계 연질토기, 금박유리구슬 등이 출토되고, 황강 중류역의 합천 봉계리 20호분에서는 스에키가 출토되었다. 고성의 소가야 세력은 아라가야 세력을 대신하여 남강수계를 통해 백제지역과 교섭하였을 뿐만 아니라, 동시에 일본열도 특히 규슈 지역과도 활발하게 교섭한 것을 알 수 있다.

또 5세기 제2/4분기에 가까워지면 남강·황강 수계에 지속적으로 소가야양식 토기가 반입되는 가운데, 금강 상류의 장수지역과 남강 상류의 아영지역에서는 고령지역에서 제작된 다수의 대가야양식 토기가 출현한다. 이는 소가야 세력과 연계한 관계망이 지속되는 가운데 대가야가 황강수계를 넘어 남강과 금강 수계로 진출하기 시작하였음을 상징적으로 보여준다.

　5세기 제2/4분기에는 남강 상류역의 남원지역과 황강 중류역의 봉산지역에 소가야양식 토기가 유존하는 가운데, 대가야양식 토기와 세장방형 석곽과 순장을 포함한 대가야형 묘제가 본격적으로 도입된다. 이는 전대 이래 소가야 세력과 연계되었던 남강·황강 수계의 기존 관계망에 대가야 세력이 본격적으로 개입하는 상황을 반영한다.

　5세기 제3/4분기에는 황강 수계 전역과 남강 상류역에서는 수장묘의 토기양식, 부장품, 묘제, 매장의례까지 대가야와 일치하고 또 일반 성원묘까지 대가야양식 토기가 부장된다. 이는 종래 소가야와 연계되었던 황강 상·중류역과 남강 상류역의 관계망이 와해되고 대가야에 의해 새로운 관계망이 구축됨과 동시에 이들 지역이 그 권역에 편입되었음을 의미한다.

　이 시기 대가야는 남강 상류역 교통의 결절점인 남원지역을 그 지배 하에 두고 아라가야와 소가야가 남강수계를 통해 행하였던 백제와의 관계망을 차단하여 백제와의 교역과 교섭을 독점한 것으로 파악된다. 그리고 대가야가 남강 상류역으로 진출한 5세기 제2/4분기에 대가야형의 관식, 이식, 마구, 철모, 성시구가 일본열도에 출현하고, 제3/4분기에는 본격적으로 도입된다. 대가야양식 토기는 후쿠오카켄, 구마모토켄, 에히메켄, 오사카후, 시가켄, 기후켄, 도야마켄 등 서일본 전역에서 확인된다.

　특히 이 시기의 유력 수장묘인 사이타마켄[埼玉縣] 이나리야마[稻荷山] 고분, 와카야마켄[和歌山縣] 오타니[大谷] 고분, 구마모토켄 에다후나야마[江田船山] 고분 등에서는 대가야형 위세품이 주류를 형성한다. 한편 대가야권에는 고령 지산동 32호분, 지산동 1-3호분, 함양 상백리분묘군의 갑주(甲冑), 지산동 44호분의 패제용기(貝製容器), 지산동 45호분의 거울[鏡], 고령 지산동 1-5호묘의 유공광구소호 등이 일본열도에서 이입된다.

특히, 대가야의 왕묘역이 위치하는 지산동 고분군에 왜계문물이 집중하는 것, 대가야의 왕묘인 지산동 44호분에서 출토된 아마미오시마[奄美大島] 산 야광패제용기는 당시 대가야와 일본열도 간의 밀접한 교류를 상징한다.

대가야는 남강 상류역을 확보하게 됨에 따라 남하하여 남원과 구례를 거쳐 섬진강 하구의 교역항인 하동을 통하여 금관가야, 아라가야, 소가야가 행해 온 왜와의 교역과 교섭을 주도하면서 아라가야와 소가야의 두 세력을 제압하고 가야의 맹주로서 군림할 수 있게 되었다.

5세기 제4/4분기 대가야양식 토기는 경호강수계의 산청지역에서 다수 출토되어 대가야권이 남강 중상류역까지 확대된 것으로 파악된다.

6세기 제1/4분기와 제2/4분기에는 대가야양식 토기는 남강 중류역의 삼가지역과 진주지역, 그 하류역의 함안지역, 남해안의 고성지역, 창원 다호리와 반계동에서 출현한다. 6세기 전엽 대가야가 진주와 고성지역 수장과 밀접한 관계를 가지게 된 것은 이 시기 백제가 금강 상류역을 넘어 섬진강 수계의 남원분지와 남해안의 교역항인 하동을 점령하는 가운데 남해안의 새로운 출구를 모색하기 위한 것으로 파악된다. 이 시기 일본열도 후쿠오카켄 요시타케 유적, 시가켄 이리에나이코 유적, 구마모토켄 모노미야구라 고분에서 대가야양식의 토기와 소가야양식의 토기가 공반되어 출토되는 것은 이러한 정황을 반영하는 것이다.

또 이 시기 저포리 E지구 4호분 출토 하부(下部)명 단경호가 제작되어 주목된다. 하부명 토기의 명문에 대해서는, 백제의 부로 보는 견해도 있으나 황강 중류역의 재지 수장 세력이 단절되는 것과 시기를 같이하고, 충남대학교 소장 대왕(大王)명 토기가 거의 같은 시기에 제작되었다는

사실을 통해 볼 때, 대가야의 부로 판단된다.(그림 11)

　6세기 전엽 대가야는 황강 중류역 일대를 하부로 편제하고 대왕을 칭하며 종래 아라가야권, 소가야권, 금관가야권으로 나뉘어 독자적인 활동을 계속해 온 가야 세력들의 구심체로서 그 결집을 시도하였다. 6세기 제3/4분기 고령, 합천, 의령 지역 등에서는 가야양식 토기가 신라양식 토기로 교체되는 급격한 변화가 관찰되며, 이는 문헌에 보이는 562년 대가야 멸망 기사와 일치하는 것으로 파악된다.

맺음말

　4세기대 뚜렷한 토기의 양식적 특징과 분포권을 형성한 정치체가 금관가야와 아라가야라는 사실은 가야 전기의 중심국이 두 나라임을 나타낸다. 그 가운데 아라가야양식 토기의 분포권으로 유추되는 광역 관계망은 아라가야가 금관가야와 함께 가야 전기에 양대 세력을 이루었음을 보여준다. 이는 종래 고고자료에 의존한 일방적인 금관가야 우위론에 배치되는 것으로서, 문헌사료에 부각된 함안 세력의 실체를 증명하는 것으로 평가된다. 한편, 4세기 후엽 5세기 전엽이 되면 금관가야와 아라가야양식의 토기가 소멸되고 그 분포권이 축소되는데, 이러한 현상은 금관가야의 몰락과 아라가야의 일시적인 쇠퇴를 반영한 것으로 파악된다.

　그 후 소가야양식 토기는 4세기 말, 5세기 전엽 이전 시기의 아라가야양식 토기를 교체하듯 남해안과 황강유역, 남강 중·상류역까지 분포권이 확대된다. 이는 아라가야를 대신하여 남강수계와 남해안 일대에서 소가야가 짧은 기간이지만 가야의 중심세력으로 등장하였음을 보여주는 것으로, 문헌상의 포상팔국(浦上八國) 기사와도 부합된다.

4세기대 독자적인 토기양식이 미미하였던 대가야양식 토기는 5세기 중엽 이래 황강 유역의 합천, 거창, 남강 중·상류역의 함양, 남원과 섬진강 수계의 남원분지와 구례 일대와 일본열도에 분포하게 된다. 이는 아라가야와 소가야가 활동하였던 전시기 황강, 남강 중·상류역과 섬진강 수계의 관계망을 고령세력이 대신 장악함으로써, 4세기까지 내륙의 소국에 불과했던 대가야가 가야 후기의 중심국으로 성장하는 과정을 잘 반영하는 것으로 판단된다. 이를 웅변하는 것이 대가야양식의 대왕명 장경호와 하부명 토기이다.

그런데 562년 대가야의 멸망을 전후하여 신라후기양식 토기가 급격하게 출현하여, 신라가 가야지역을 영역화하는 과정을 보여준다.

참고문헌

김원룡,『신라토기』, 열화당, 1980.

김세기·노중국·박천수·이명식·이희준·주보돈,『가야문화도록』, 경상북도, 1998.

박천수,「기대를 통하여 본 가야 세력의 동향」,『가야의 그릇받침』(김해박물관특별전도록), 1999.

이성주·홍보식·박천수·박승규·곽장근,『고고학을 통해 본 가야』(한국고고학회 학술총서1), 한국고고학회, 2000.

이영식·신경철·김태식·박천수·조영제·권주현·남재우·이주현,『가야 각국사의 재구성』, 혜안, 2000.

박천수,「맥타가트 기증 신라, 가야토기의 양식과 편년」,『매타가트 박사의 대구사랑 문화재사랑』(대구박물관특별전도록), 2001.

박천수,「고대 한반도와 일본열도의 상호작용」,『고대 한일 관계사의 새로운 조명』, 한국고대사학회, 2002.

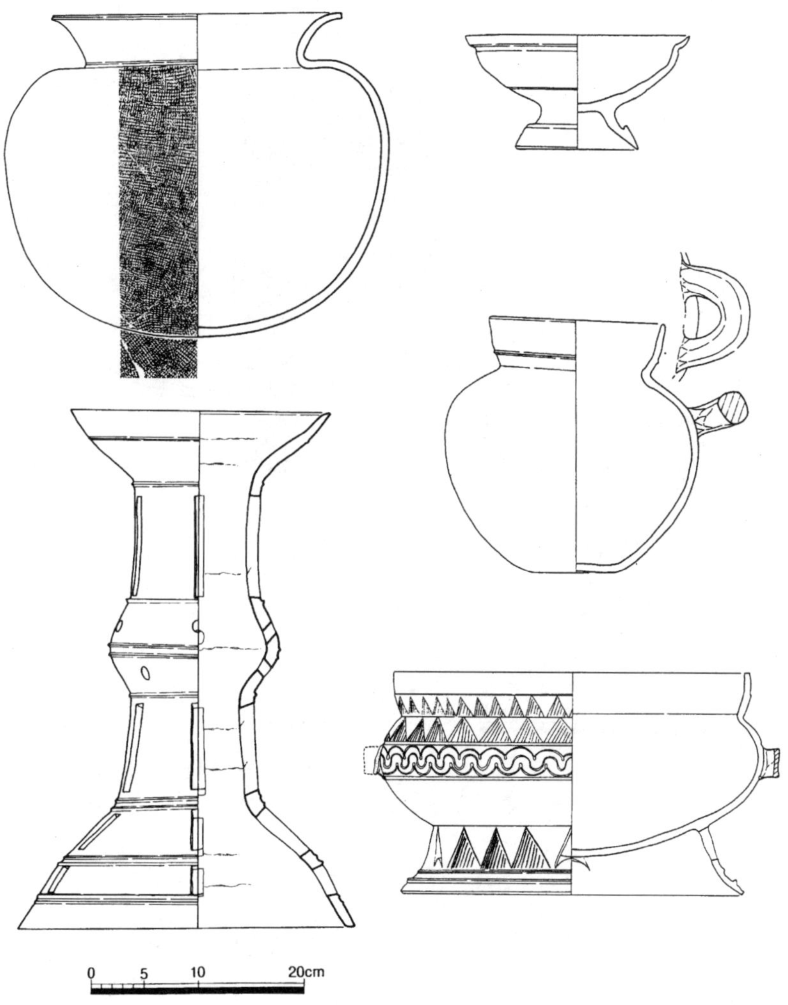

그림 1. 김해 금관가야양식 토기 (4세기)

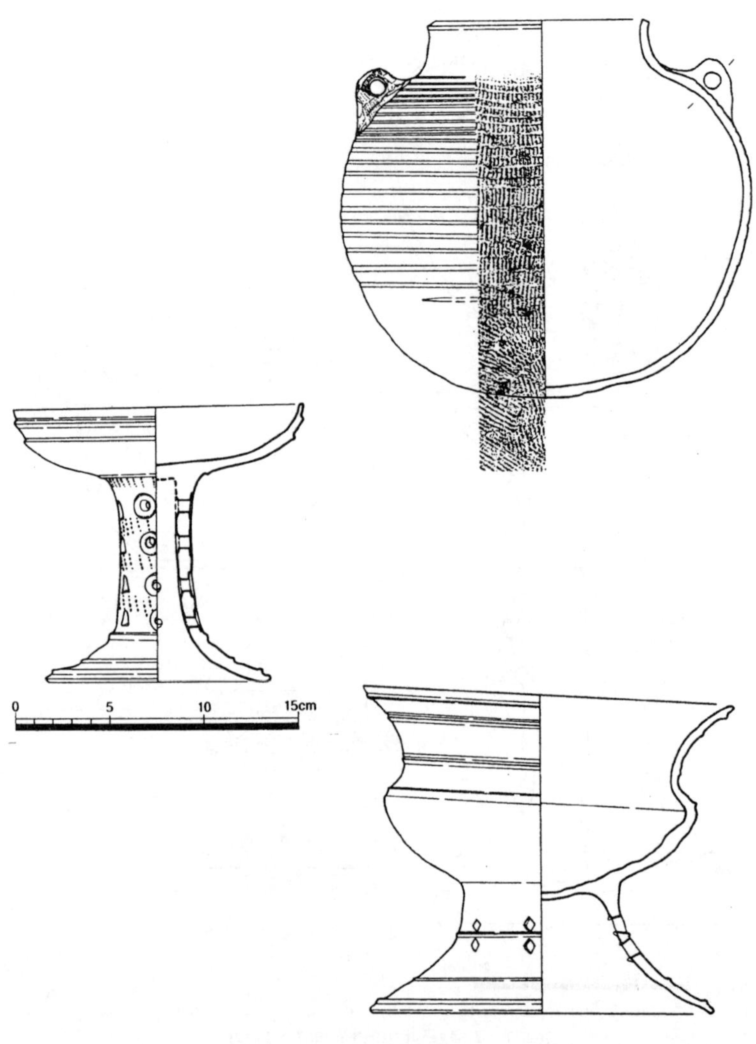

그림 2. 함안 아라가야양식 토기 (4세기)

그림 3. 함안 아라가야양식 토기 (5~6세기)

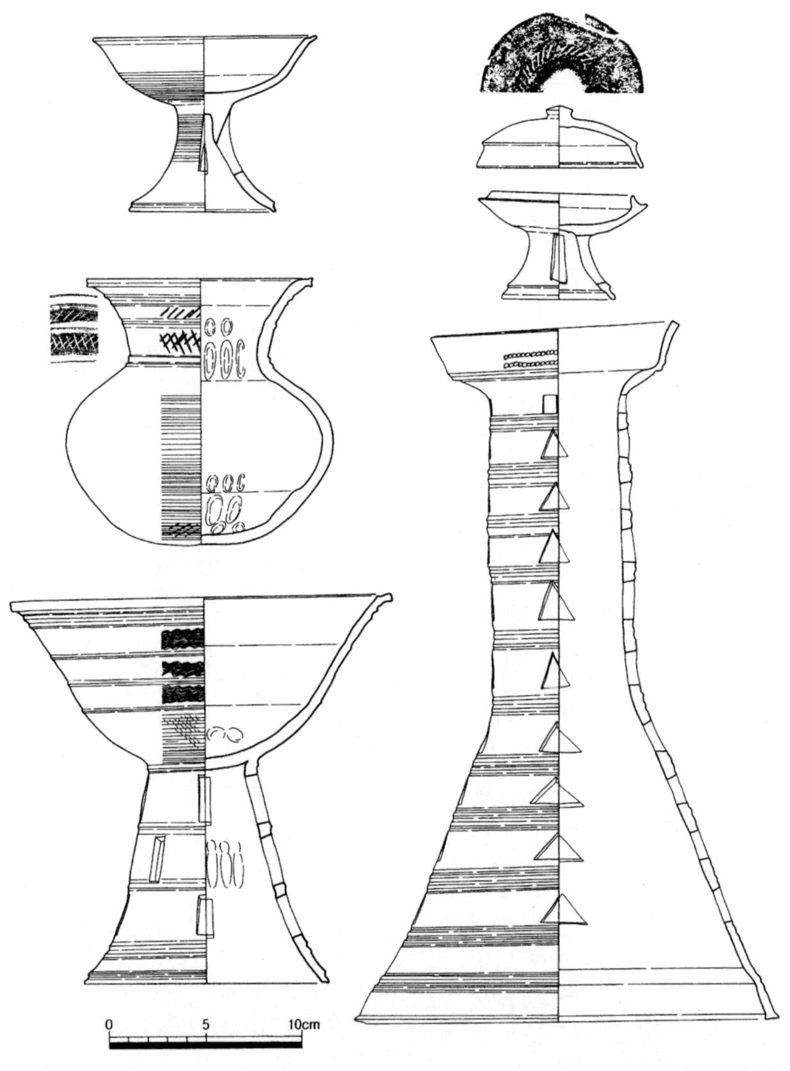

그림 4. 고성 소가야양식 토기 (5~6세기)

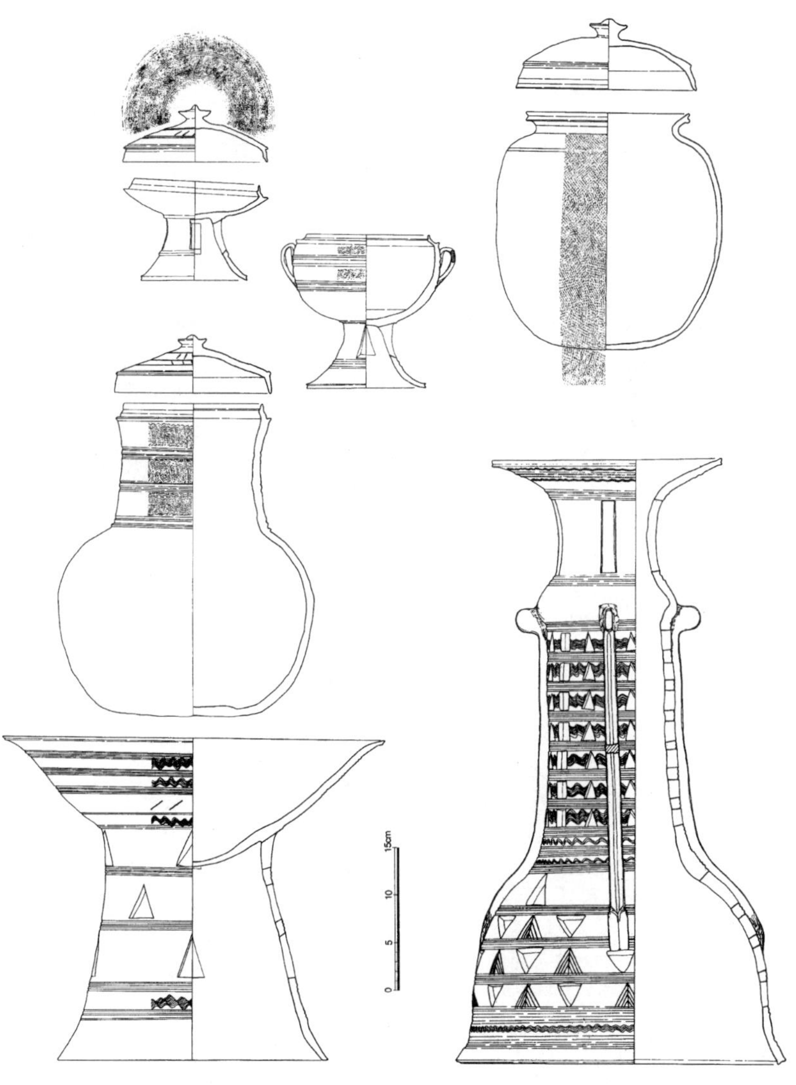

그림 5. 고령 대가야양식 토기(5~6세기)

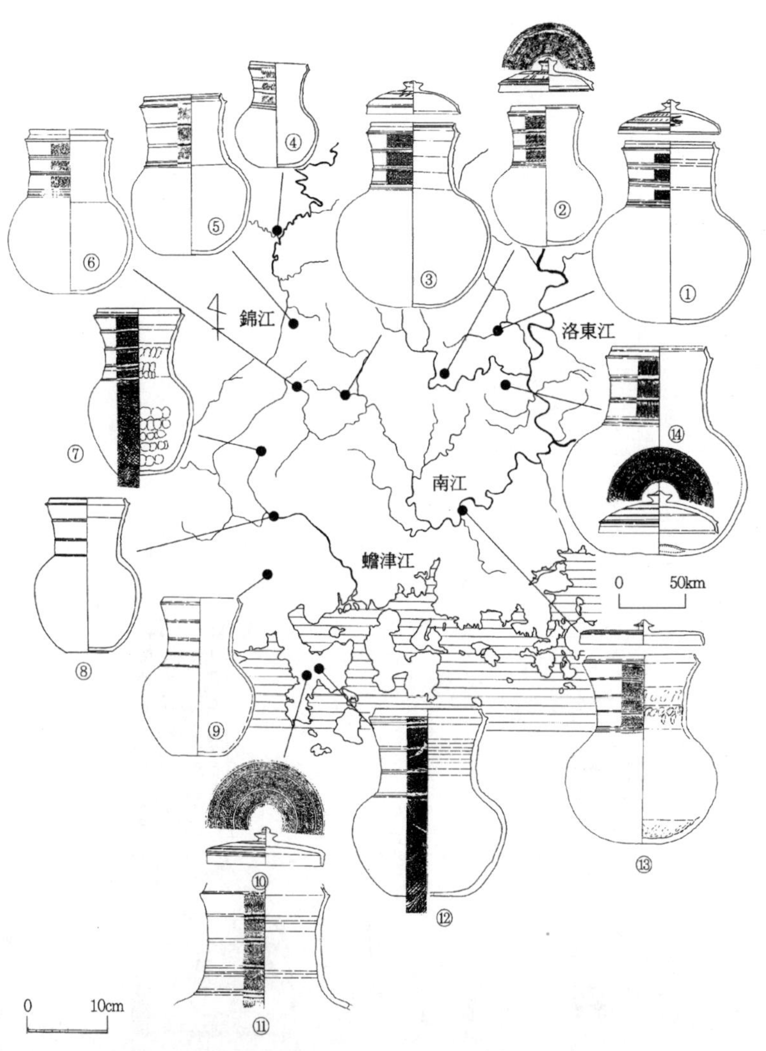

그림 6. 고령 대가야양식 토기의 분포 (5세기 후엽 전후)

1. 고령 지산동 45호분 2. 합천 반계제 가지구 B호분 3. 함양 백천리 1호분 4. 진안 황산리 고분군 5. 장수 삼고리 6호묘 6. 남원 두락리 1호분 7. 남원 호경리 고분군 8. 구례 용두리 고분군 9. 순천 회룡리고분군 10 · 11. 여수 고락산성 12. 여수 마평동 고분군 13. 진주 옥봉 7호분 14. 합천 옥전 M3호분

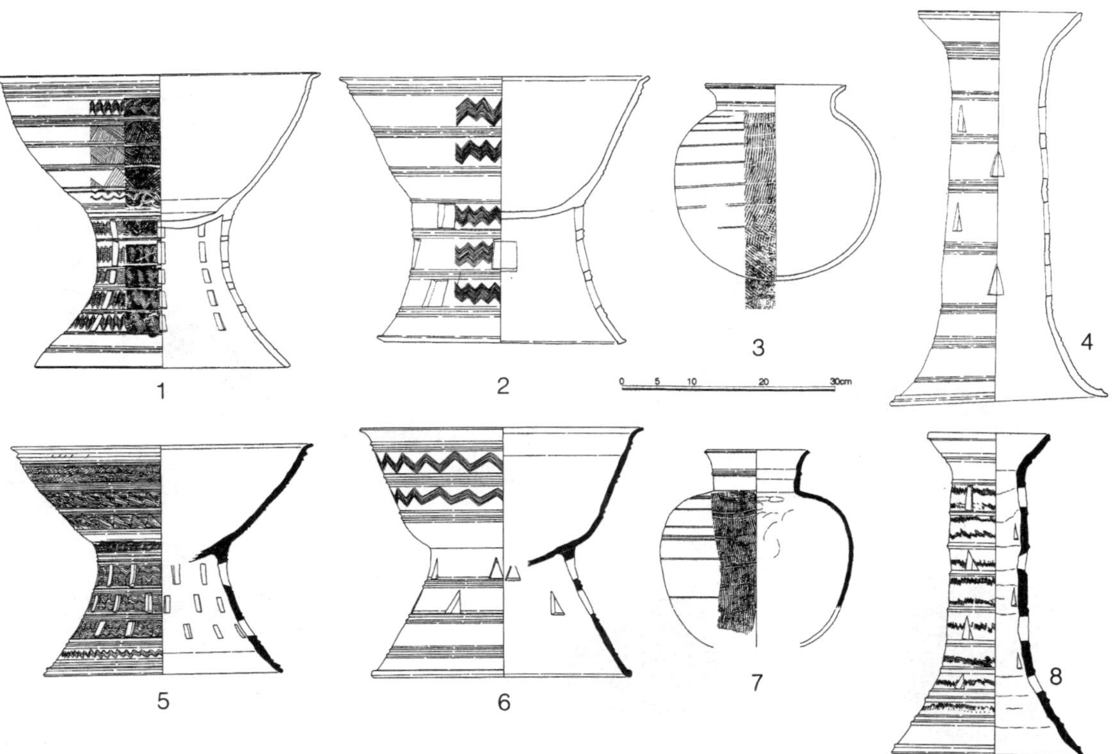

그림 7. 일본열도 출토 금관가야양식 초기 스에키
(1)(3) 부산 복천동 21,22호분 (2) 부산 복천동 10,11호분 (4) 부산 화명동 7호분 (5~8) 오사카후 오바테라 TG232요

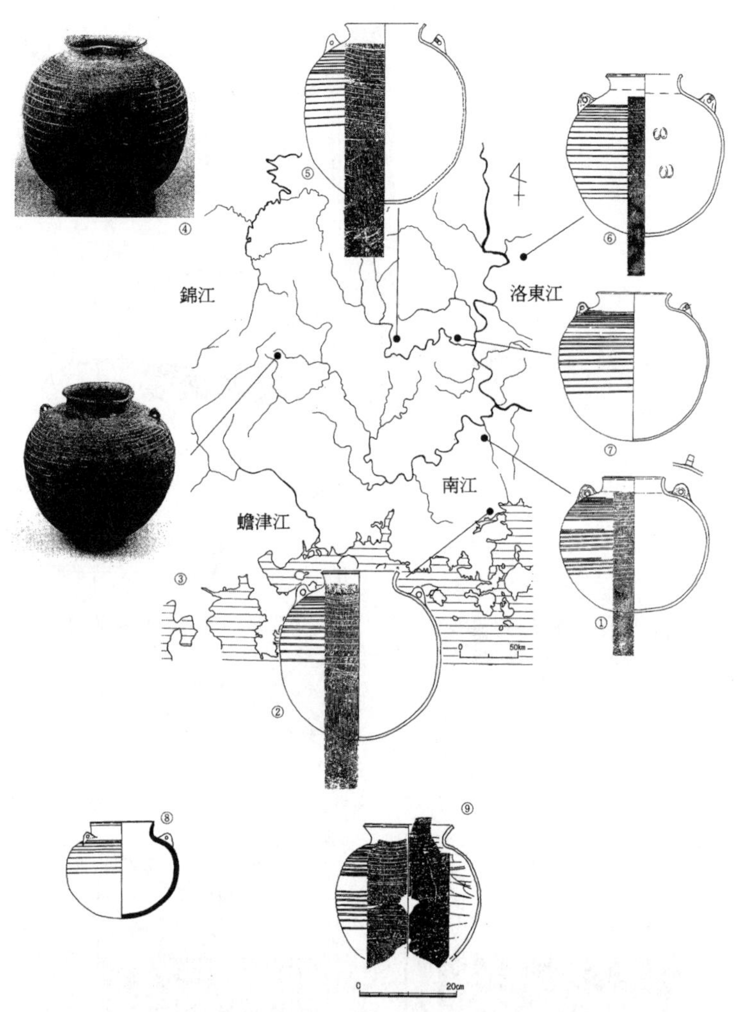

그림 8. 함안 아라가야양식 토기의 분포 (4세기대)
1. 함안 도항리 33호묘 2. 진주 대평리 고분군 3. 남원 아영출토품 4. 공주 남산리 고분군
5. 합천 저포리 A지구 31호묘 6. 대구 비산동 2호묘 7. 합천 옥전 54호묘 8. 나가사키켄
다이쇼군야마 고분 9. 시마네켄 가미나가하마

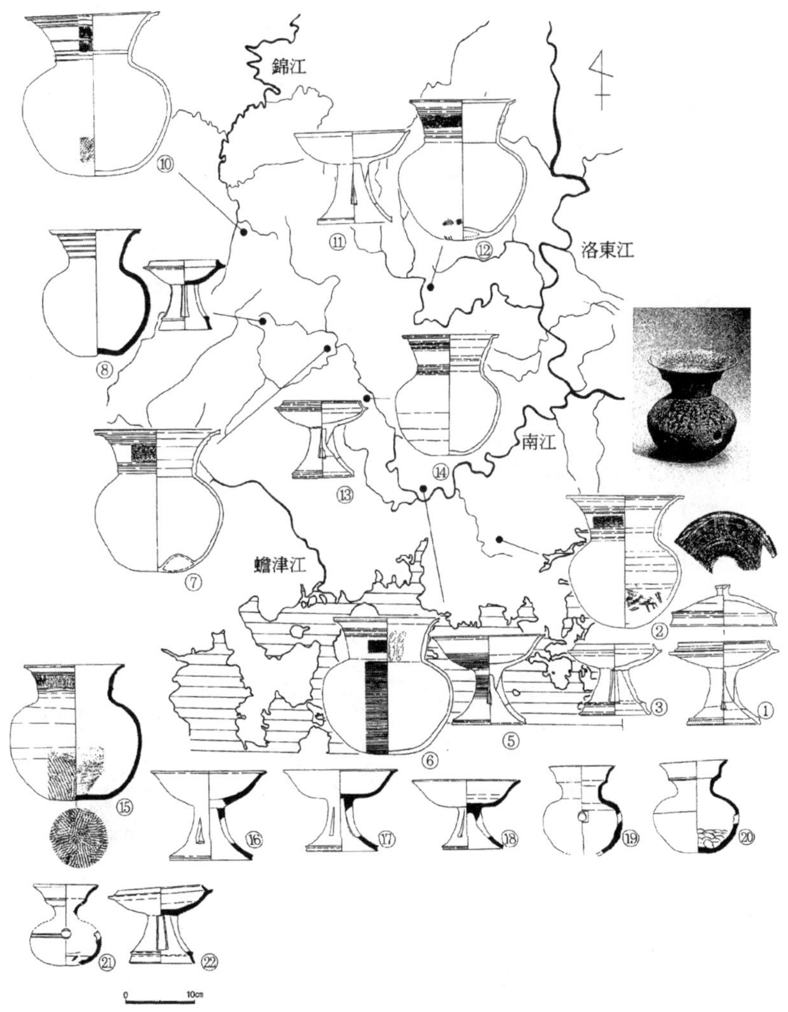

그림 9. 고성 소가야양식 토기의 분포

(1)(2) 고성 연당리 14호분 (3) 고성 18호분 주구 (4) 고성 내산리 고분군 (5)(6) 진주 우수리 18호묘 (7) 함양 손곡리 2호묘 (8) 남원 월산리 M1호분 G호묘 (9) 남원 월산리 M1호분 A호묘 (10) 장수 삼고리 13호묘 (11)(12) 합천 저포리 A지구 1호묘 (13)(14) 산청 묵곡리 고분군 (15)(20) 후쿠오카 켄 이케노가미 6호 제사유구 (16) 나가사키켄 도토코야마 유적 (17). 나가사키켄 에비스야마 2호묘 (18) 나가사키켄 고후노사에 유적 (19) 사가켄 레키세키 8호분 (21) 구마모토켄 모노미야구라 고분 (22) 시가켄 이리에나이코 유적

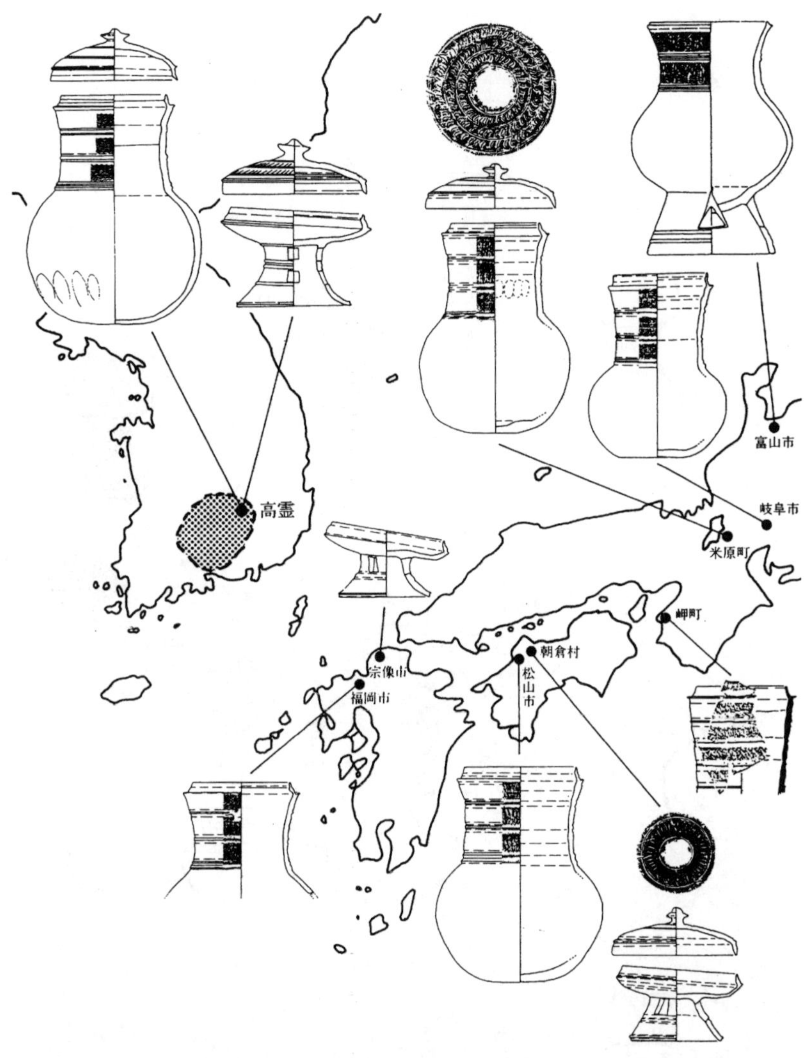

그림 10. 일본열도 출토 대가야양식 토기(定森秀夫, 1992)

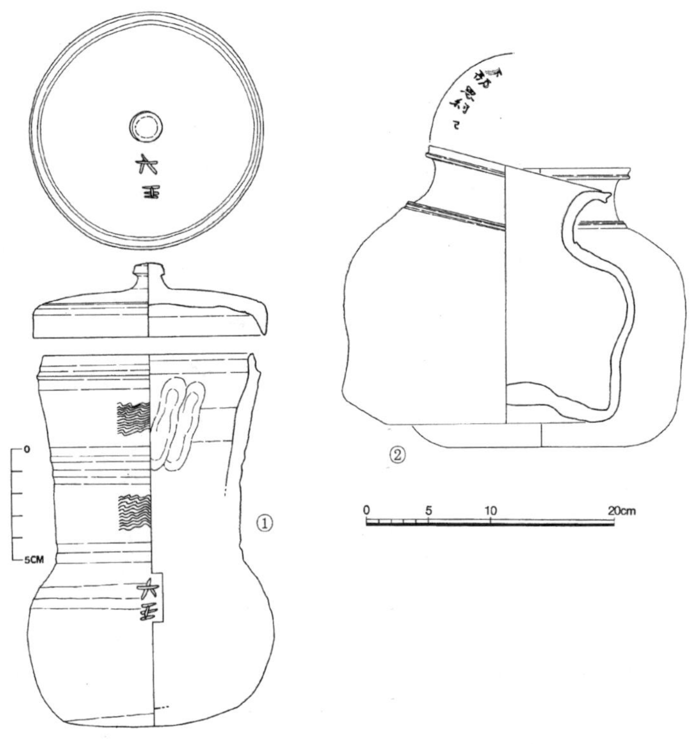

그림 11. 대가야양식의 大王명 토기와 下部명 토기
(1) 大王명 토기 (2) 下部명 토기

철(鐵), 가야 성장의 열쇠

송 계 현 복천박물관 관장

머리말

기원전 3~4세기경 연(燕)나라의 주조철기(鑄造鐵器)가 우리 나라 북부지역에 처음 보급된 이후 곧 철 생산이 이루어진다. 우리 나라 북부지방의 철기문화는 남부지방으로 확산되며, 한국식동검문화(韓國式銅劍文化)와 함께 주조(鑄造) 쇠도끼[鐵斧]와 쇠끌[鐵鑿]이 출토된다.(그림 ①) 기원전 2세기 말경 중국 한(漢)나라의 단조철기문화(鍛造鐵器文化)가 도입되면서 철기 사용은 보편화되고, 무기류와 농공구류(農工具類)가 모두 철제품으로 대체된다.

가야지역에서 철은 국가의 형성 및 성장에 중요한 역할을 했다. 기원전 1세기 이후 낙동강 하류역을 중심으로 하는 지역에서 다량의 철제 유물(遺物)이 무덤에서 출토되고 특히 고대국가로 성장하는 4세기대 이후가 되면 가야 전역에서 철제 유물이 다량 출토되므로 그 중요성은 더욱 강조된다. 3세기대의 기록인 『삼국지(三國志)』 위지 동이전(魏志 東夷傳)의

그림 1. 초기 주조철기
(장수 남양리 2. 3호분)

변진조(弁辰條)에 다음과 같은 기사가 나온다.

國出鐵 韓濊倭皆從取之 諸市買皆用鐵 如中國用錢 又以供給二郡
나라에서는 철이 생산되는데 한(漢), 예(濊), 왜(倭)가 모두 와서 가져
갔다. 시장에서의 모든 매매에 철을 사용했으며 마치 중국의 돈과
같이 사용되었다. 또 이군(二郡 : 낙랑군과 대방군)에도 공급되었다.

80

그림 2. 낙동강 하류역의 덩이쇠

　이 기록은 변·진한(弁·辰韓)지역 즉 우리 나라 동남지역의 철 생산 실태를 구체적으로 알려주는 중요한 자료이다. 그 지역 중 낙동강 하류역을 중심으로 기원 전후부터 무덤에서 다량의 철기가 출토되며 또한 철 생산 유구도 확인되어 이 기록을 입증하고 있다.

　4세기 이후 갑옷과 투구에도 철이 도입되는 등 철제품은 더욱 다양해진다. 특히 낙동강 하류역을 중심으로 덩이쇠[鐵鋌](그림 2)가 대량으로 출토되어, 당시 가야사회의 발전이 철과 밀접하게 관련되어 있었음을 짐작하게 한다. 4~5세기대의 가야 고분에서 출토되는 유물의 특징은 신라와는 사뭇 다르다. 특히 5세기대의 경우 신라 고분에서는 금공품(金工品)이 대량으로 출토되는 반면, 가야 고분에서는 철제 갑옷과 투구 등이 대량으

그림 3. 숯가마(김해 삼계동 화정 3호)

로 출토되어 가야에서 철이 특별한 의미를 가지고 있었음을 말해준다.

철 및 철기 생산 관련 유물

가야지역에서 확인된 철기 생산 유적은 고성 동외동 패총, 창원 성산 패총, 부산 동래 패총 등이 알려져 있으나 모두 단야(鍛冶)와 관련된 유적이다.

철 생산 유적으로 확인된 것은 밀양 사촌 유적과 양산 물금 유적이다. 두 유적은 6세기 이후의 유적으로서 신라의 철 생산 집단과 관련이 있다. 이러한 철 생산 유적 외에 철 생산과 직접적으로 관련이 있는 숯[木炭]을 구운 숯가마[炭窯]가 김해에서 조사되었다. 김해 삼계동 화정 유적(그림 3)과 두곡 유적에서 숯가마 4기가 조사되어 김해지역의 철 생산 사실을 확인할

그림 4. 송풍관

수 있었다.

철 생산과 관련된 유물은 쇠똥 또는 쇠찌꺼기[鐵滓], 쇠덩이[鐵塊], 가마벽[爐壁], 송풍관(送風管)(그림 4), 거푸집[鑄范], 속틀[范心](그림 5) 등이 있는데 이러한 유물들은 주로 철 생산 유적, 생활 유적에서 출토된다. 김해 봉황대 유적에서 출토된 송풍관 조각과 쇠찌꺼기는 김해 삼계동 유적의 숯가마와 함께 김해지역에서 철이 생산되었다는 사실을 입증하는 자료가 된다. 그러나 유적의 시기가 명확하지 않아 구체적인 양상까지는 알 수는 없다. 한편 동래 내성 유적의 단야 흔적, 창원 다호리 유적의 철광석 등은

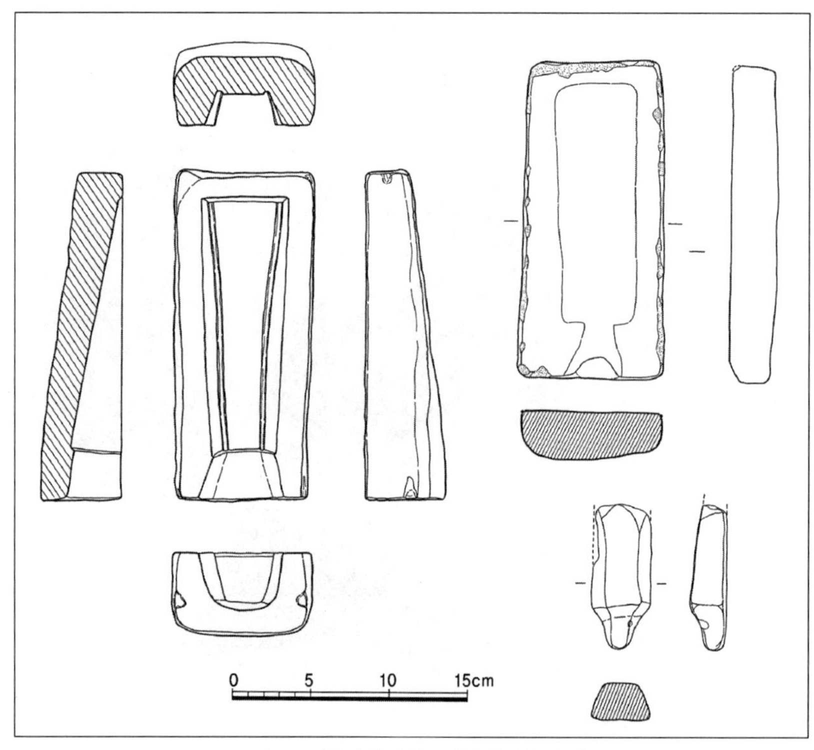

그림 5. 거푸집과 속틀. 경주 황성동 유적

기원전 1세기대부터 철기와 철 생산이 본격적으로 이루어졌음을 보여준다. 합천 저포리 고분군에서는 분묘에서 쇠찌꺼기가 출토되었는데, 철 생산과 관련된 것인지 아니면 쇠찌꺼기를 입수하여 무덤에 매납한 것인지 검토가 필요하다.

철기 제작과 관련된 유물은 망치, 집게, 모루의 단야구(鍛冶具)와 끌[鐵鑿], 숫돌[砥石], 단야재(鍛冶滓), 단조박편(鍛造薄片) 등이 있다.(그림 6) 단야재와 단조박편은 가야지역에서 단야 유구가 조사된 예가 없어 확인되지

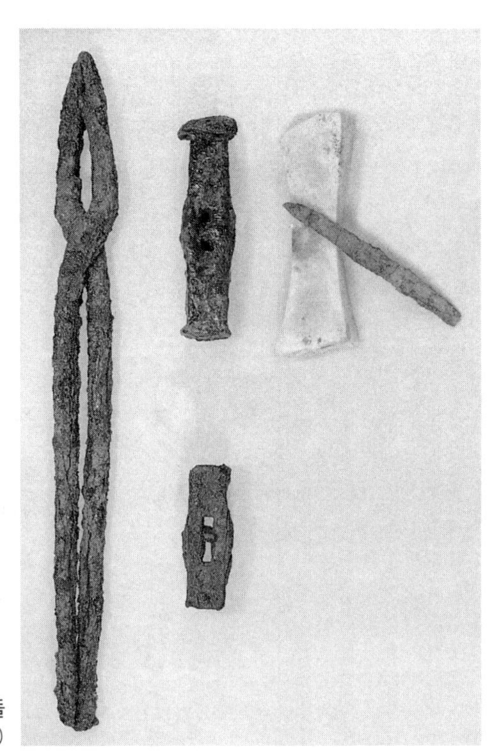

그림 6. 집게, 망치, 숫돌
(동래 복천동 고분군)

않았다. 신라지역의 경우, 경주 황성동 유적에서 단야 유구와 함께 단야재가 출토되었다. 망치, 집게, 모루, 끌, 숫돌 등의 철기 생산과 관련된 유물은 무덤에서 출토된다. 가장 이른 시기의 것은 동래 복천동 84호분의 끌과 집게다. 집게와 망치는 동래 복천동 35·36호분, 동 71호분, 합천 옥전 고분군, 양산 북정리 14호분, 김해 대성동 고분군 등에서 출토되었으며, 양산 북정리 14호분에서는 철제 모루도 출토되었다. 합천 저포 E-5-1 호분, 합천 창리 B-26호분, 의령 예둔리 46호분 등에서는 소형품이 출토되었다.

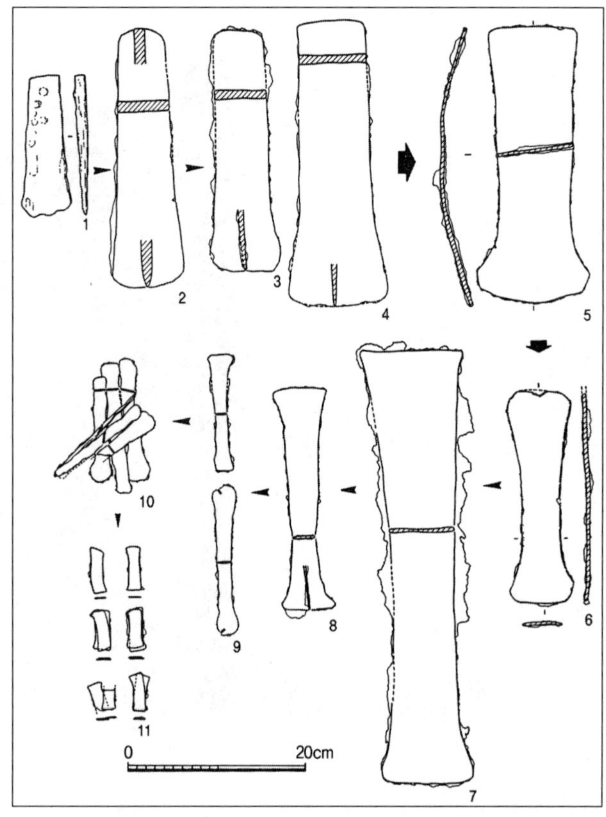

그림 7. 판모양 쇠도끼와 덩이쇠의 변화

판모양 쇠도끼와 덩이쇠, 주조 쇠도끼, 봉모양 덩이쇠

철 생산과 교역을 나타내는 자료로서 중요한 것은 덩이쇠[鐵鋌]다. 특히 덩이쇠는『삼국지』위지 동이전 변진조의 "시장에서의 모든 매매에 철을 사용했으며 마치 중국의 돈과 같이 사용되었다."는 기록과『후한서(後漢書)』의 "모든 무역에서 철을 화폐로 사용한다."(凡諸貿易 皆以鐵爲貨)

는 기록의 실물 자료로서 주목되었다. 이에 따라 일찍부터 덩이쇠의
화폐설이 제기되었다. 또한 철 생산에 대한 연구가 본격화되면서 덩이쇠
의 철기 중간소재설이 제기되어, 두 설은 덩이쇠 연구의 중요한 논쟁점이
되었다. 최근에는 두 설을 모두 취하여 철기의 중간 소재인 동시에 화폐
대용으로 사용한 것으로 보고 있다.

덩이쇠의 기원을 찾는 데 중요한 것이 판모양 쇠도끼[板狀鐵斧]다. 이것
은 함경북도 무산 호곡 유적이나 황해북도 은파군 갈현리 유적(그림 7-1)에서
출토되며 경주의 입실리, 구정동 유적 및 조양동 38호분 등에서도 초기의
판모양 쇠도끼가 출토되고, 낙동강 하류역에서는 창원 다호리 유적(그림
7-2)에서 다량이 출토되었다.

3~4세기의 무덤에서도 판모양쇠도끼형[板狀鐵斧形] 철기가 창원 삼동
동 3호 석관묘(그림 7-4), 김해 양동리 유적, 김해 대성동 29호분(그림 7-3),
동래 복천동 유적, 울산 하대 유적 등에서 다량으로 출토된다. 판모양쇠도
끼형 철기는 형태적으로는 판모양 쇠도끼와 유사하나 기능적으로는 쇠도
끼의 기능을 완전히 상실한 것이며, 10의 배수 부장이라는 점에서 5세기대
의 덩이쇠와 동일하므로 덩이쇠 기능을 가진 것이라 할 수 있다. 지금까지
는 형태적인 면을 중시하여 판모양쇠도끼라 불러 왔으나 기능적인 면에
서 쇠도끼 기능을 완전히 상실하였으므로 그 명칭은 덩이쇠라 바꿔야
할 것이다.

우리 나라 남부지방에 단조철기와 단조기술이 본격적으로 전해지면서
판모양 쇠도끼는 공구로서 중요한 위치를 차지하게 되었다. 창원 다호리
유적에서는 단조의 공부(銎斧 : 자루를 끼우는 구멍이 있는 도끼)도 있지
만 자루에 달린 판모양 쇠도끼는 쇠도끼로서 중요한 위치를 차지하게

그림 8. 덩이쇠 출토상태
(동래 복천동 22호분)

되었다. 삼천포 늑도 유적에서는 크고 작은 판모양 쇠도끼가 출토되어 그 다양성도 인정된다. 중국 한의 영향으로 도입된 단조기술이 점차 발달하면서 쇠도끼가 다양해지고, 판모양 쇠도끼의 기능은 대형 쇠도끼 에게 넘기고 스스로는 화폐나 철소재의 기능을 갖게 되고 형태적인 변화 를 보이게 된 것이다.

덩이쇠를 금속학적으로 분석해 본 결과, 무수한 두드림[鍛打]을 통해 여러 겹 상태로 되어 있고, 결정립미세(結晶粒微細), 함탄량(含炭量)이 낮은 고순도의 강(鋼) 등의 특징과 함께, 자연냉각 및 비열처리 등 도구로서의

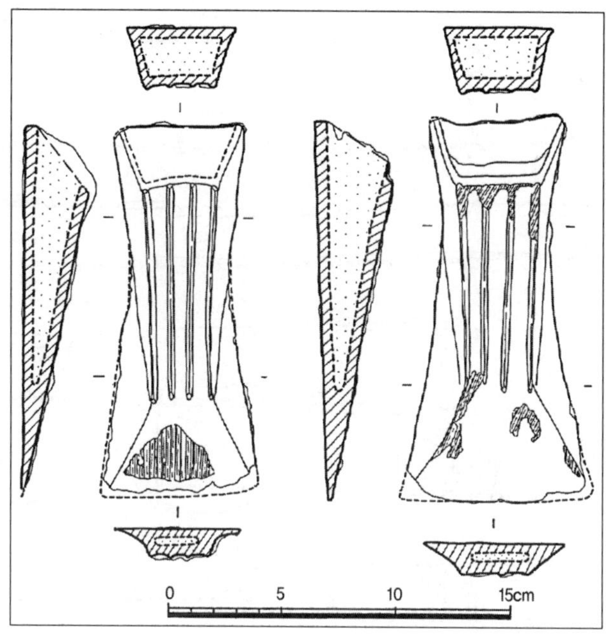

그림 9. 주조쇠도끼
(합천 옥전 M3호분)

강인함을 고려하지 않아 덩이쇠가 철기 제작을 위한 중간소재로서의
기능을 가지고 있었음이 확인된다.

그러나 2세기 이후 10의 배수 부장, 일정한 형태와 규격성 등을 갖추고
있어, 판모양 덩이쇠는 중간소재로서의 기능보다 오히려 화폐로서의
기능을 강화한 것으로 보인다. 판모양 쇠도끼가 형태적·기능적으로
변화하여 판모양쇠도끼형 덩이쇠가 되고, 판모양쇠도끼형 덩이쇠는 다
시 덩이쇠로 변화하는데, 크기는 초기 것이 대형이며 5세기대 이후 점차
소형화한다. 6세기대인 부산 두구동 임석 5호 앞트기식돌방무덤[橫口式石
室墓]에서 출토된 길이 4.1~5.1cm, 너비 1.4~1.9cm의 소형 덩이쇠(그림
7-11)는 중간소재로서의 기능을 할 수 없는 것이다.

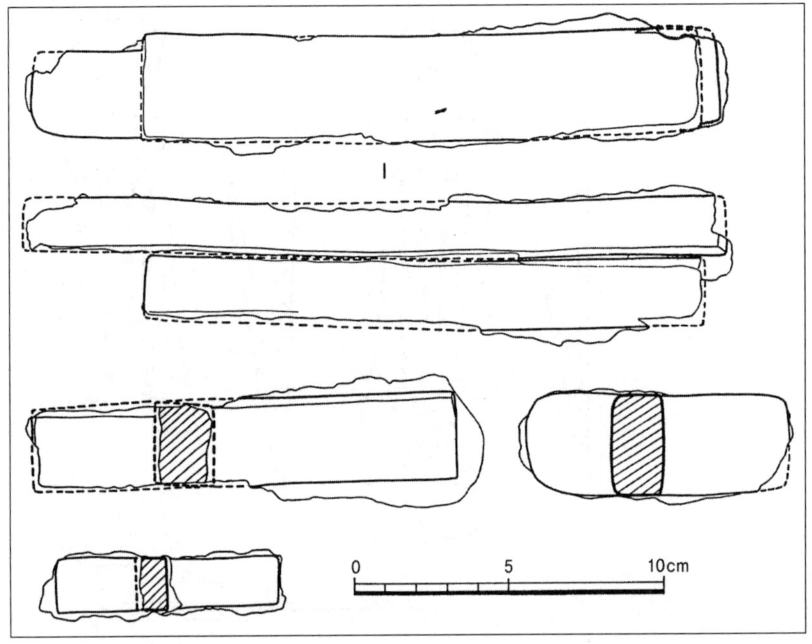

그림 10. 봉모양 철기. 합천 옥전 M3호분

덩이쇠 자체가 철기 제작에 이용되어 중간소재 역할을 담당했다는
것은 부인할 수 없다. 그러나 낙동강 하류역이나 경주지역을 중심으로
출토되는 덩이쇠는 철기 제작의 중간소재로 제작되어 화폐 역할을 담당
했다기보다는, 오히려 공구(工具)로서 제작되던 판모양 쇠도끼가 성격
변화를 일으켜 일정한 규격을 가진 화폐로서 제작되었으며 그것이 실물
화폐로서 중간소재 역할을 했던 것으로 볼 수 있다. 무덤에 부장된 덩이쇠
(그림8)는 철소재와 화폐 등의 용도 외에 매지권(買地券)과 위신재(威身材)의
성격도 가지고 있었으므로, 덩이쇠의 용도를 한정지어 단정할 수는 없다.

이러한 덩이쇠와 함께 철소재의 기능을 가진 것으로서 주조쇠도끼[鑄

造鐵斧]와 봉모양 철기[棒狀鐵器]가 있다.

주조쇠도끼는 공구로 사용되기도 하였지만, 합천 옥전 M3호분 등의 무덤에서 출토된 주조쇠도끼(그림 9)의 경우, 속틀[范芯]이 제거되지 않은 것이 많아 실용 공구로는 사용할 수 없고 철기 제작의 중간소재로 사용되었던 것으로 볼 수 있다. 그러나 선철(銑鐵)로 제작된 주조쇠도끼를 이용하여 단조철기를 제작하기 위해서는 재용융(再熔融)과 탈탄(脫炭) 과정을 거쳐야 하므로, 단조제품인 판모양 덩이쇠에 비해 많은 공정을 필요로 한다. 따라서 주조쇠도끼는 철기 제작의 중간소재라기보다는 화폐로 사용되었을 가능성이 크다.

반면 합천 옥전 M3호분의 봉모양 철기(그림 10)는 길이 5.4~22cm, 너비 0.8~3.1cm, 두께 0.7~3cm이며, 크기가 다양하여 철소재로서 여러 가지 기종을 가공할 수 있었기 때문에 덩이쇠보다는 철소재의 기능을 가졌다고 볼 수 있다.

무기와 말갖춤새 [馬具]

가야지역의 고분에서 출토되는 철제 유물 중 가장 큰 비중을 차지하는 것이 무기다. 무기는 그 기능에 따라 크게 공격용과 방어용으로 나뉜다. 공격용 무기에는 외날칼[刀]·양날칼[劍]·창[鉾]·화살촉[鏃] 등이 있고 방어용 무기에는 갑옷[甲]·투구[胄]·목가리개[頸甲]·방패[循] 등이 있다.

특히 가야지역에서는 철제 갑옷과 투구가 다량 출토되며, 가야의 부장품 중에서도 특징적인 것이 이 철제 갑옷과 투구다. 고구려나 백제 고분의 경우 부장품의 출토량이 적으나, 신라와 가야에서는 부장품의 출토량이 많다. 그 중 신라의 부장품이 화려한 금공품(金工品)을 그 특징으로 한다면, 가야의 경우는 철제 갑옷과 투구를 특징적인 요소로 한다고 할 수

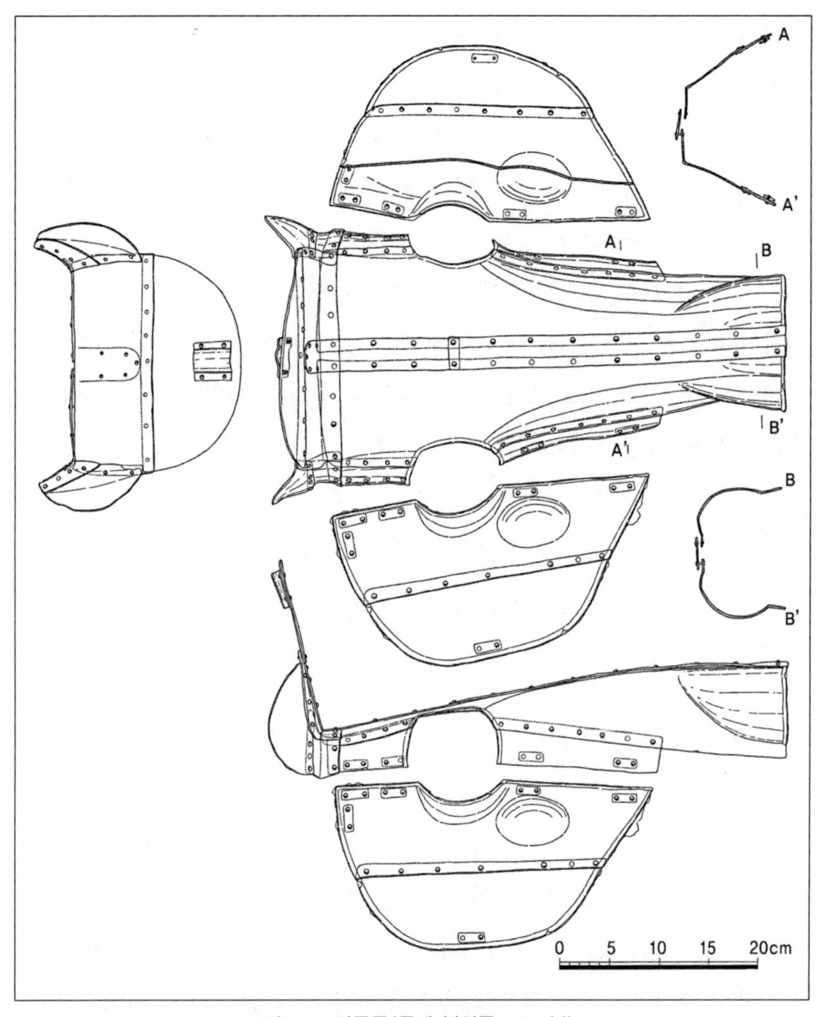

그림 11. 말투구(동래 복천동 10호분)

있다. 가야의 고분 특히 대형 고분에서 철제 갑옷과 투구가 다량 출토된다
는 것은 가야에서는 철제 갑옷과 투구가 방어구라는 본래의 용도보다는

그림 12. 미늘갑옷(동래 복천동 11호분)

권력의 상징물로서 이용되었음을 의미한다. 또한 철제 갑옷과 투구는 그 구조가 복잡하여, 단순한 철제 방어구라는 차원을 떠나 고대의 철기제 작기술을 형태적으로 관찰할 수 있는 중요한 유물이기도 하다.

철제 갑옷과 투구가 가야지역에서 출현하는 것은 4세기 전반대다. 3세기 후반 단조기술(鍛造技術)의 발달로 기존의 유기질제(有機質製) 갑옷과 투구가 철제품으로 변화되는데, 이는 주로 철 생산이 많았던 우리나라 동남부 지역을 중심으로 하여 나타난다. 3세기 이후의 단조기술 발달은 철제 갑옷과 투구를 출현시켰을 뿐 아니라 생산력 증대를 가져왔으며 그에 따라 사회구조의 재편성이 이루어지고 이것은 다시 갑옷과 투구의 수요를 증가시켰다. 특히 5세기대 이후 고구려, 백제, 신라 삼국이

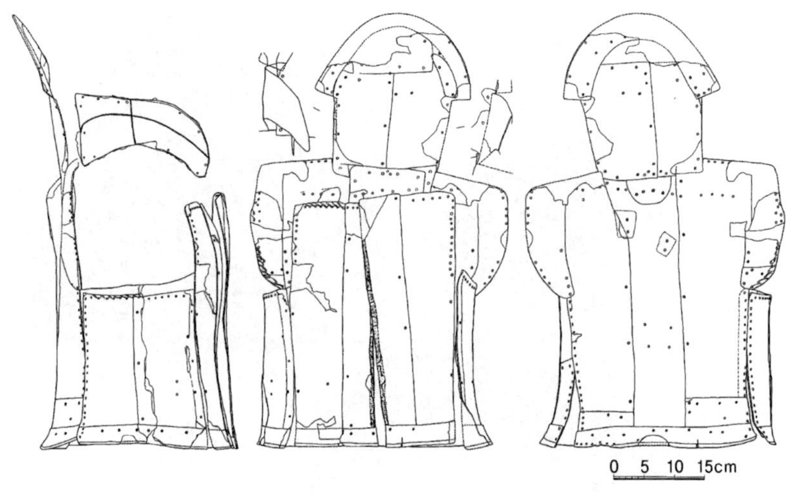

그림 13. 종장판정결 판갑옷(동래 복천동 57호분)

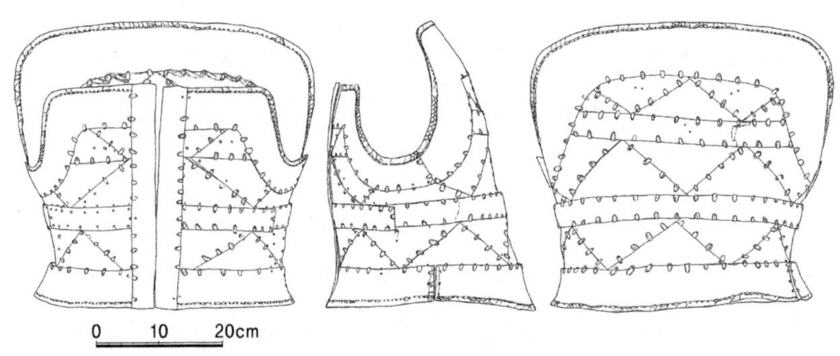

그림 14. 삼각판혁철 판갑옷(함안 도항리 13호분)

전쟁에 휩싸이면서 갑옷과 투구는 급속도로 확산되고 발달하며 각지의
가야 고분에 매납된다. 6세기 이후 갑주에 대한 관념의 변화로 갑주

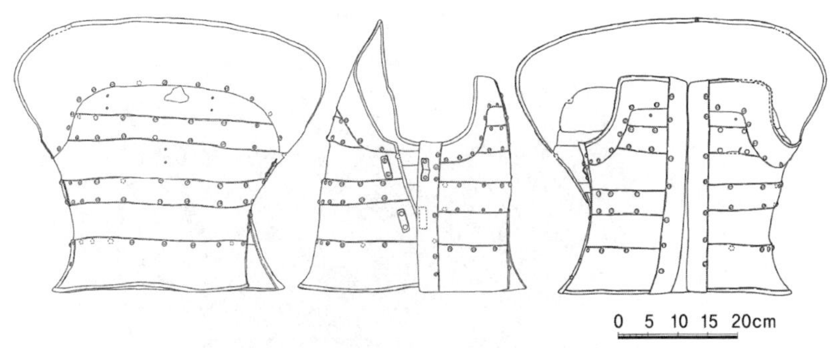

그림 15. 횡장판정결 판갑옷(합천 옥전 28호분)

부장은 점점 사라진다. 가야지역에서 출토되는 갑옷은 크게 미늘갑옷[札甲]과 판갑옷[板甲] 그리고 목가리개, 팔뚝가리개[肱甲] 등의 부속구, 말투구[馬冑], 말갑옷[馬甲] 등으로 나누어진다. 미늘갑옷(그림 12)과 말갑옷은 소형의 동일한 형태의 철판을 수백매씩 소요하므로, 미늘[小札]의 대량생산체제와 가죽끈으로 철판을 연결하기 위한 노동집약적 체제를 필요로 한다.

판갑옷은 말투구(그림 11)와 함께 입체적인 구조물로서, 제작의 기획성과 고도의 단조기술을 전제하지 않고서는 안 되는 것이다. 판갑옷은 사용된 철판의 형태와 제작기법에 따라 종장판혁철(縱長板革綴) 판갑옷, 삼각판혁철(三角板革綴) 판갑옷(그림 14), 종장판정결(縱長板釘結) 판갑옷(그림 13), 삼각판정결(三角板釘結) 판갑옷, 방형판혁철(方形板革綴) 판갑옷, 횡장판정결(橫長板釘結) 판갑옷(그림 15) 등으로 나누어지는데, 4세기대에는 종장판정결 판갑옷이 주류를 이룬다.

종장판 판갑옷이 낙동강 하류역에서 4세기대를 중심으로 집중적으로

그림 16. 목가리개(남원 월산리 M1-A호분)

출토되는 반면, 삼각판혁철 판갑옷, 삼각판정결 판갑옷, 횡장판정결 판갑옷 등은 합천 옥전 고분군, 함양 상백리 고분군, 고령 지산동 고분군, 동래 복천동 고분군, 동래 연산동 고분군, 김해 삼계동 두곡 고분군 등 가야 전역에서 5세기대에 출토된다. 이러한 판갑옷은 종장판 판갑옷에 비해 시기적으로 늦으며, 도련판에서도 폭이 넓고 만곡도가 커 단조 기술면에서도 발달된 것이라고 볼 수 있다. 또한 정결기법(釘結技法)으로 제작된 판갑옷의 경우 종장판정결 판갑옷에 사용된 못에는 못머리가 없으나 삼각판, 횡장판의 7단구성 판갑옷의 경우 둥근 못머리가 명확하게 남아 있다. 판갑옷의 제작에서 기술적 차이를 엿볼 수 있는 것으로, 종장판 판갑옷의 제작 공인과 7단구성 판갑옷의 제작 공인이 다르고 기술적으로

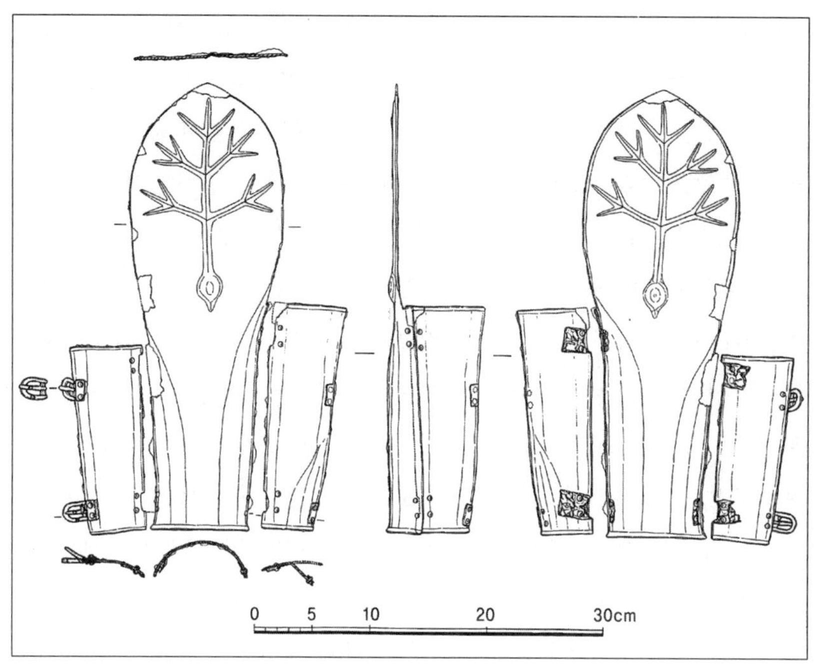

그림 17. 팔뚝가리개(동래 복천동 11호분)

도 차이가 있음을 알 수 있다. 현재 7단구성 판갑옷은 우리 나라에서는 출토량이 적은 반면 일본에서 출토량이 많아 일본에서 유입된 것으로 보는 학자들도 있다. 하지만 일본에는 없는 특징적인 요소들이 있어 제작지 문제는 따로 검토가 필요하다. 이러한 미늘갑옷, 판갑옷과 함께 출토되는 부속구로는 목을 보호하는 목가리개[頸甲](그림 16)를 비롯하여 어깨갑옷[肩甲], 팔뚝가리개[肱甲](그림 17), 허리갑옷[裳甲], 다리갑옷[大腿甲] 등이 있다.

　이상과 같은 판갑옷, 미늘갑옷과 함께 투구[胄]가 출토되는데, 투구에는 종장판(縱長板) 투구, 만곡종장판(灣曲縱長板) 투구(그림 18), 챙투구[遮陽

胄](그림 20), 충각부(衝角附) 투구(그림 19), 미늘투구[小札胄] 등이 있다. 종장판 투구, 만곡종장판 투구는 철제 갑옷과 투구가 출현한 초기부터 나타나며 가야를 포함한 우리 나라 남부지방의 특징적인 투구로서 출토량이 가장 많다. 고구려 고분벽화에 묘사된 투구도 종장판계 투구가 많으므로 우리 나라의 가장 일반적인 투구라고 할 수 있다. 미늘 투구는 가야지역에서만 출토되며 고구려의 고분벽화에도 묘사된 것이 있어 종장판 투구와는 별도로 하나의 계통을 이루었던 것으로 보인다. 챙투구와 충각부투구는 7단 구성의 판갑옷과 함께 일본의 특징적인 투구다. 우리 나라에서는 부산 연산동 고분군, 김해 삼계동 두곡 고분군, 고령 지산동 고분군에서 챙투구가, 함양 상백리고분군, 부산 오륜대 고분, 고령 지산동 고분군에서 충각부 투구가 출토되었다. 모두 가야지역에서만 출토되고 있는데, 출토량이 워낙 적어 우리 나라 자체 내에서의 기술적인 검토나 연구는 어려운 실정이다. 앞으로 7단구성의 판갑옷과 함께 제작지 문제를 구체적으로 검토해 보아야 할 것이다

갑주류와 같은 방어용 무기와 함께 중요한 것은 외날칼, 양날칼, 화살촉, 창 등의 공격용 무기다. 갑주가 단순한 방어구가 아닌 권위의 상징물로 이용된 것과 마찬가지로, 외날칼 역시 권위의 상징물인 위신재(威身財)로 이용되었다.

외날칼이 우리 나라의 남부지방에 도입된 것은 2세기대다. 당시 길이 40cm 이하의 철제단검과는 달리 길이 80cm가 넘는 외날칼이 중국에서 도입되면서 전술의 변화가 일어난다. 그러한 변화와 함께 손잡이에 둥근 고리가 달려 단순한 무기가 아니라 권력의 상징물로서 역할하게 된다. 초기에는 단순한 철제 고리였으나 고리 내부에 세잎[三葉], 용, 봉황 등을

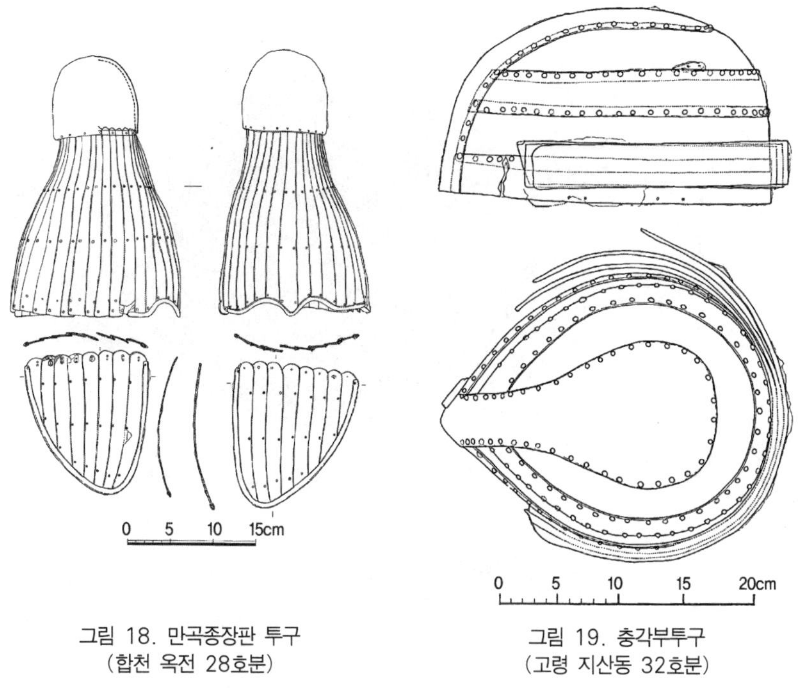

그림 18. 만곡종장판 투구　　　　　　　그림 19. 충각부투구
　　（합천 옥전 28호분）　　　　　　　　（고령 지산동 32호분）

장식하고, 손잡이를 금은으로 장식하면서 5세기대에는 권력의 상징물인 위신재로 정착하게 된다. 고리 내부의 장식이나 고리의 모양에 따라 용봉문환두대도(龍鳳文環頭大刀), 삼루환두대도(三累環頭大刀), 삼엽환두대도(三葉環頭大刀), 소환두대도(素環頭大刀) 등으로 구분(그림 21)되며 이 순서가 피장자의 신분적 차이를 직접적으로 반영한다. 또한 지역적인 특색이 있어 가야에서는 용봉문환두대도가, 신라에서는 삼루환두대도가 최고의 환두대도가 된다. 용봉문환두대도는 신라, 백제, 가야에서 모두 출토되나 가야지역에서 출토된 것이 가장 많다. 삼엽환두대도의 경우

그림 20. 챙투구(고령 지산동 1-3호분)

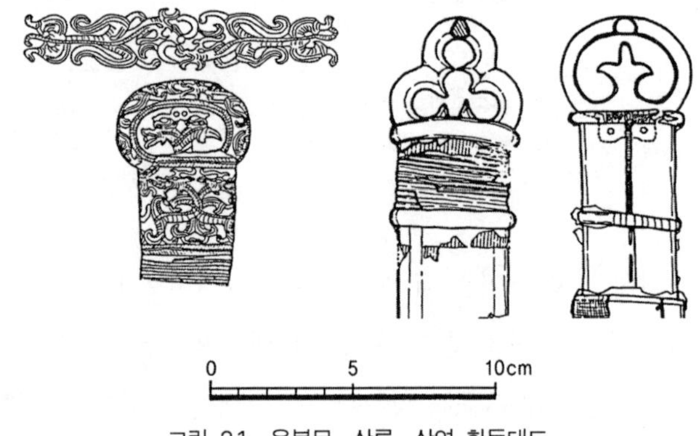

그림 21. 용봉문, 삼루, 삼엽 환두대도

신라에서는 고리 모양이 상원하방(上圓下方) 형태가 많으며, 금은으로
장식 되지만, 가야에서는 둥근 고리가 많고 대부분 철제품이다.

양날칼은 1~3세기대에 많이 사용되었으며 4세기대 이후에는 출토량
이 매우 적다. 1~2세기대에는 길이 40cm 이하의 단검이었으나 2세기대에

그림 22. 재갈(동래 복천동 10호분)

외날칼이 도입됨과 동시에 장검(長劍)으로 변화한다. 중국 한나라의 외날칼과 장검이 유입되면서 전술적인 변화가 일어난 것으로 볼 수 있다. 3세기대까지는 양날칼이 주된 근거리 무기였으나 4세기대 이후에는 외날칼이 근거리 무기가 됨과 동시에 권력의 상징물로 되면서 양날칼의 출토량은 줄어든다.

창[鉾]은 기마전술의 도입과 함께 중요한 실용 무기가 된다. 고구려 고분벽화에 등장하는 개마무사(鎧馬武士)가 가지고 있는 무기는 모두 창이다. 가야 고분에서 출토되는 창은 실용성이 강한 것들이지만, 별도로 판모양쇠창[板狀鐵鉾]처럼 실용성은 없고 상징성이 강한 창도 있다.

가야의 무기 가운데 수적으로 가장 많은 것이 쇠화살촉[鐵鏃]이다. 촉머리[鏃身]의 모양에 따라 여러 가지로 구분되는데, 용도에 따라 촉머리

그림 23. 발걸이
(동래 복천동 10호분)

의 형태가 달라진다. 쇠화살촉은 원거리 공격용 무기로서, 형태적인 변화
는 관통력의 증대라는 공격력의 변화와 직접적으로 관련이 있다. 무덤에
서 출토되는 쇠화살촉은 10~30점이 묶여 있는 경우가 많다. 화살통에
넣어진 상태로 부장되었기 때문이다. 화살통은 보통 가죽이나 나무로
만들어지나 그 장식은 철이나 금동으로 하였다.

가야 고분에서 출토되는 말갖춤새[馬具]는 말을 제어하는 데 필요한
재갈[轡](그림 22), 말탄 사람의 안정성을 높이기 위한 발걸이[鐙子](그림 23),
안장[鞍橋](그림 24), 장식용인 말떠드리개[杏葉](그림 25), 말띠꾸미개[雲珠], 사
행상철기[蛇行狀鐵器] 등이 있다. 4세기 이후 다양한 형태의 실용 말갖춤새

102

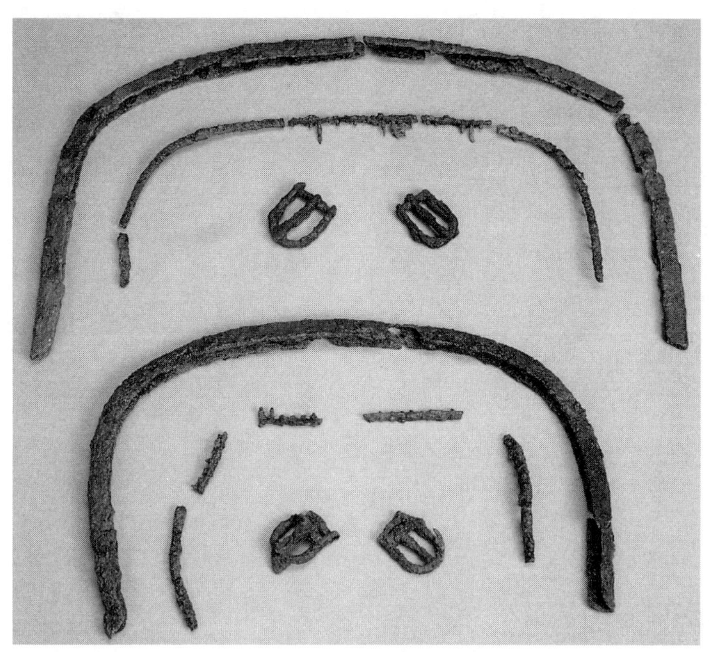

그림 24. 안장(동래 복천동 10호분)

가 낙동강 하류역을 중심으로 가야지역에 나타나기 시작하고, 5세기대가 되면 가야 전역으로 확산된다. 5세기 후반부터는 금, 은, 금동 등의 귀금속으로 장식을 하는 등 장식성이 강해진다. 장식성 강한 말갖춤새는 후기로 갈수록 점차 증가하는데, 이는 갑옷 및 투구와 마찬가지로 단순히 실용적인 것이라기보다는 권위의 상징물로서 이용되었음을 말해준다. 실용적인 말갖춤새는 중무장 상태의 전투 장면과 사냥 모습이 표현된 고구려의 고분벽화에 잘 묘사되어 있다. 또한 가야나 신라 지역에서 출토된 기마인물토기에도 자세히 묘사되어 있어 가야지역의 말갖춤새 착장 상황을 구체적으로 확인할 수 있다.

그림 25. 말띠드리개(동래 복천동 36, 15호분)

농공구와 의기성 철기

가야의 무덤에는 철 생산기술을 바탕으로 경작이나 수확에 필요한 철제 농기구나 다른 도구들을 만드는 데 사용된 철제공구들이 많이 나온다. 철제 농공구류는 손칼[刀子], 도끼[斧], 낫[鎌](그림 28), 따비, 보습(그림 26), 쇠스랑(그림 27), 끌[鑿], 톱[鋸], 조각칼[鉇] 등을 들 수 있다. 농공구류는 단조철기가 도입되는 시기부터 이미 철제품으로 바뀐다. 거의 모든 형태가 초기부터 나타나지만 부장되는 양은 점차 무기에 비해 줄어든다. 특히 손칼, 도끼, 끌, 톱, 조각칼 등의 공구류는 목제 농구의 발달을 가져왔으며, 목제 농구의 발달은 농업생산력의 비약적인 발전을 가져와 고대국가의 형성 기반을 마련해 주었다. 가야 고분에서 출토되는 철제 농공구류는 무기에 비해 그 수량이 적다. 5세기 이후 한반도 남부지역이 전쟁에 휩싸이면서 무기류 생산이 많아지고 무기류에 대해 특별한 의미가 부여

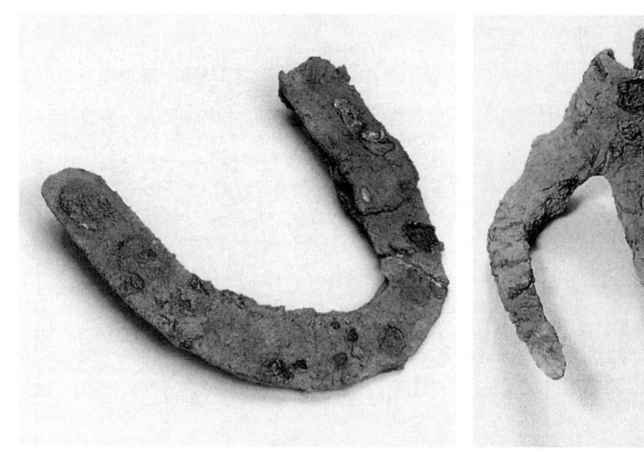
그림 26. 보습

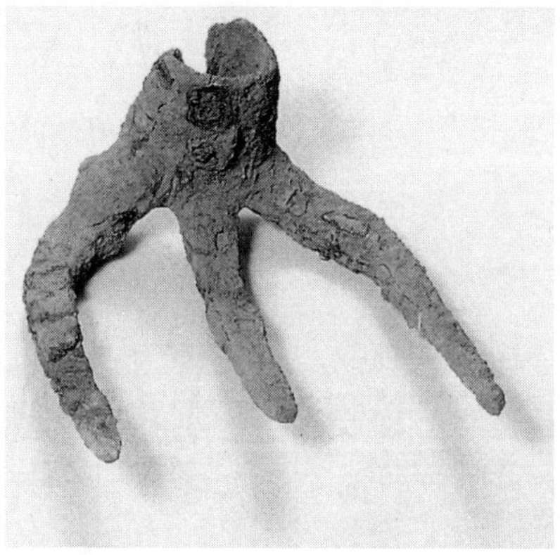
그림 27. 쇠스랑

그림 28. 낫

되었던 것으로 볼 수 있다.

의기성 철기에는 판모양쇠창[板狀鐵鉾], 고사리문 장식 쇠창 등이 있으나 가장 대표적인 것은 미늘쇠[有刺利器](그림 29)다. 미늘쇠는 덩이쇠의 양쪽에 미늘을 만들고 철판을 휘어 오무려서 자루를 끼울 수 있도록

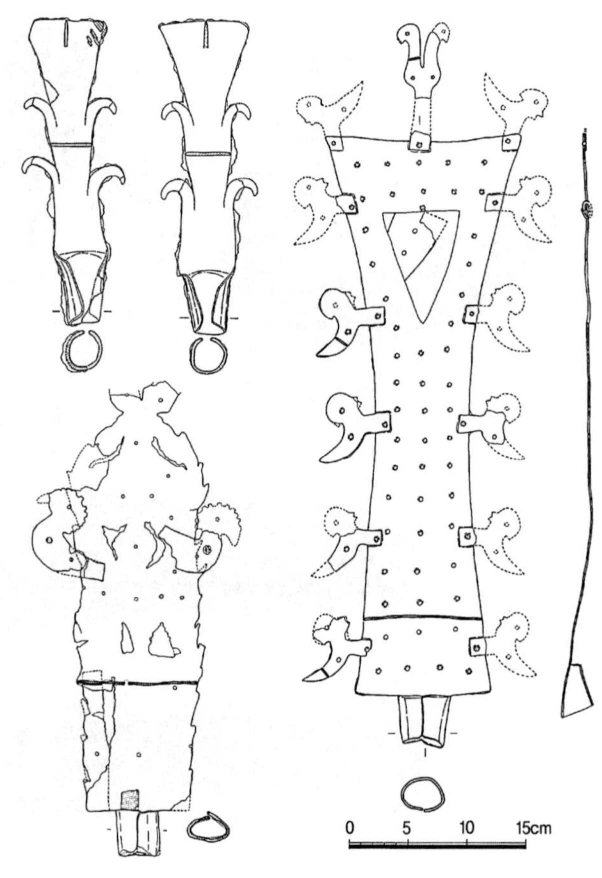

그림 29.
각종 미늘쇠

만들어진 것으로, 도구로서는 사용할 수 없다. 주로 대형 무덤에서 나오며 각 지역에 따라 특징적인 모양을 하고 있어 지역적 특성이 잘 나타나며, 권위의 상징물로 이용되었다. 부산지역의 경우 미늘 형태가 고사리 모양 또는 C자형이고 경주지역의 그것도 C자형이다. 함안, 합천 지역의 미늘쇠 는 세로로 긴 사각형의 얇은 철판 주위로 새 모양 장식이 붙어 있다.

동래 복천동 고분군에서는 다른 지역의 고분군들과는 달리 규모가 소형인 무덤에서도 2~3점 정도 나오며 대형 무덤에서는 4~5점씩 나오기도 한다.

의기성 철기는 대부분 실용성보다는 다분히 주술적·의기적·상징적 성격과 기능으로 크게 유행되었던 것으로 보이며, 지역에 따라서는 차츰 덩이쇠처럼 부(富)를 상징하는 수단으로 쓰였던 것으로 생각된다.

맺음말

우리 나라 북부지역을 통해 한(漢)의 철 생산기술과 단조기술이 전파되어 곧 나름대로의 독자적인 철기를 생산하면서 철 생산기술과 철기 단조기술을 발전시켰다.

고대 제철에 사용된 원료는 철광석, 사철(沙鐵)이다. 충청북도 진천 석장리 유적에서는 다량의 철광석과 함께 분말 상태의 철광석이 다량 출토되어 제철 과정에 사용된 철광석의 상태를 알 수 있다. 가야의 유적은 아니지만 가야지역인 창원 다호리 유적의 널무덤[木棺墓]에서 철광석이 출토되어 철기가 도입된 이후 곧 철광석을 이용한 철 생산이 이루어졌음을 알 수 있다.

조선시대의 기록인『세종실록지리지(世宗實錄地理志)』,『신증동국여지승람(新增東國輿地勝覽)』,『여지도서(輿地圖書)』에 따르면, 안동, 김해, 창원, 밀양, 양산, 합천, 삼가, 상주, 예천 등지의 가야 고지에 철산지가 있었다. 이들 철산지를 실사하여 철광석을 채집하고 철광석의 성분적 특성을 알 수 있는 자료들을 축적해야 할 것이다. 이들 자료와 함께 가야지역에서 출토된 철기의 성분분석을 비교하여 가야의 철산지에 대한 구체적인 검토가 이루어져야 할 것이다.

뿐만 아니라 철기나 철의 유통관계를 확인하기 위해서는 강원도, 충청도, 전라도 지역의 철광석에 대한 분석도 이루어져야 한다.『삼국지』위서동이전 변진조의 "나라에서는 철이 생산되는데 한, 예, 왜가 모두 와서 가져갔다.…… 또 이군[낙랑군과 대방군]에도 공급되었다(國出鐵 韓濊倭皆從取之……又以供給二郡)"와『후한서(後漢書)』동이열전 한조(韓條)의 "나라에서는 철이 생산되었으며 예, 왜, 마한이 모두 와서 사 간다(國出鐵, 濊·倭·馬韓並從市之)"라는 기록은 이미 3세기대에 변진한 지역의 철기가 다른 지역으로 공급되었음을 알려준다. 4세기 이후 철기 보급이 확산되면서 각지에서 자체적인 철생산이 이루어진 것으로 볼 수 있다. 철생산의 구체적인 증거는 철생산 유구다. 그러나 철생산 유구에 대한 조사가 극히 미진한 상황에서는 철광석과 철기의 성분분석을 통한 비교연구도 유효한 방법이 될 것이다. 창원 다호리 유적의 널무덤[木棺墓]에서 출토된 철광석 외에는 자료가 없으므로 후대의 자료이긴 하나 전술한 지역의 철산지에 대한 조사를 통해 고대 노천광산(露天鑛山)에 대한 증거를 찾을 수 있을 것이며, 철광석과 같은 제철 원료에 대한 기본적인 자료를 확보할 수 있을 것으로 본다.

현단계로서는 분묘에서 출토되는 자료를 중심으로 가야의 철기문화에 대한 연구가 이루어지고 있다. 가야의 철기문화는 4세기대까지 낙동강 하류역을 중심으로 발달하였으며, 그 대표적인 유적으로는 김해 대성동 고분군과 동래 복천동 고분군을 들 수 있다. 5세기대 이후가 되면 철 및 철기의 생산이 가야 전역에서 일반화되고 각 지역마다 나름대로의 철 및 철기 생산체제를 갖추게 된다. 가야지역 내에서의 독자적인 철기문화의 양상은 각각의 철기에 그대로 반영되었다. 특히 미늘쇠에서는 지역적 특성이 두드러지게 나타난다. 이러한 철 생산기술의 발달과 전파는 낙동강 하류역 및 가야 전역의 국가 흥망과 직접적으로 관련되어 있었다.

참고문헌

東潮,「弁辰과 加耶의 鐵」,『加耶諸國의 鐵』, 仁濟大學校 加耶文化硏究所, 1995.
부산복천박물관,『고대전사와 무기』(특별전시 도록), 2001.
孫明助,「韓半島 中·南部地方 鐵器 生産遺蹟의 現狀」,『嶺南考古學』22, 1998.
宋桂鉉,「伽耶出土の甲冑」,『伽耶と古代東アジア』, 新人物往來社, 1993.
宋桂鉉,「伽倻甲冑文化의 變化」,『伽倻古墳의 編年 Ⅲ - 甲冑와 馬具 -』(제4회 영남고고학회학술발표회), 1995.
宋桂鉉,「洛東江下流域의 古代 鐵生産」,『加耶諸國의 鐵』, 仁濟大學校 加耶文化硏究所, 1995.
安在晧,「鐵鋌에 대하여」,『東萊福泉洞古墳群Ⅱ』(釜山大學校博物館 遺蹟調査報告 14), 1990.
李蘭暎·金斗喆,『韓國의 馬具』(마문화연구총서Ⅲ), 1999.
李尙律,「加耶의 馬胄」,『加耶의 對外交涉』(第5回 加耶史 學術會議), 金海市, 1999.
李賢珠,「有刺利器에 대하여」,『東萊福泉洞古墳群Ⅱ』(釜山大學校博物館 遺蹟調査報告 14), 1990
村上恭通,『倭人と鐵の考古學』(日本史のなかの考古學), 1998.

가야와 왜, 그리고 '임나일본부'

이 영 식 인제대학교 인문문화학부 교수, 가야문화연구소 소장

머리말

이른바 '임나일본부'에 관련된 논의가 고대한일관계사, 한국고대사, 일본고대사에서 각기 다루어져야 할 학술적 연구주제의 하나임에는 틀림없다. 하지만 현실적으로는 학술적 연구보다도 일본사 교과서의 서술문제나 한일 양국의 정치적 문제와 같은 비 학문적인 현안과 맞물리면서 일반적인 여론상의 논쟁으로 비화된 바가 적지 않았으며, 오히려 이러한 현실적 문제가 학문적 연구보다 선행된 바 또한 적지 않았다. 그래서 '임나일본부'에 대한 한일 양국의 학문적 해석이 어떠하였던가, 또는 어떻게 변하고 있는가에 대해서는 자세히 알아볼 겨를도 없이 비판만 선행시킨다든지, 이미 극복된 연구를 새삼스럽게 비판의 목표로 설정하는 것과 같은 잘못을 범하기도 하였다.

그러나 한일 양국 간의 관계가 그러하듯이 '임나일본부'에 관한 연구나 논의는 더 이상 선입관에 의지하거나 감정적으로 해결될 수 없다. 지금이

야말로 서로를 객관적으로 직시하여야 할 때가 아닌가 한다. '임나일본부'
의 문제를 객관적으로 바라보기 위해서는 과거에서 현재까지 한일 양국
학계가 어떠한 연구를 진행시켜 왔으며, 이러한 종래의 연구에는 어떠한
문제점이 있는가를 먼저 짚어보지 않으면 안 될 것이다.

　다만 한일 양국에서 진행되어 온 '임나일본부' 연구는 아주 다양하며,
그 수효 또한 적지 않아 모든 연구를 일일이 다 거론할 수는 없다. 따라서
여기에서는 '임나일본부'의 실체를 어떻게 보았던가를 중심으로 다음과
같이 다섯 종류의 연구로 대별하여 한일학계의 연구동향을 정리한 후,
종래의 연구에 대한 비판과 함께 '임나일본부'의 실체규명에 접근하여
보고자 한다.

한·일 학계의 연구

　'임나일본부'의 실체를 어떻게 보았던가를 중심으로 현재까지의 연구
동향을 분류하여 보면 마지막에 소개하는 '외교사절설'을 제외하고는
'일본학계의 막연한 선입관과 한국학계의 감정적 반발'로 그 특징을
요약할 수 있을 것 같다. 그러면 각각의 연구에 대하여 간략하게 정리하여
보기로 한다.

1. 출선기관설

　'출선기관(出先機關)'이란 일본어적 표현으로서 '출장소(出張所)' 내지
는 '출장기관(出張機關)'과 같은 뜻이다. 우리에게는 익숙지 않은 용어이
기는 하지만 얼마 전까지 일본학계의 통설을 대변하는 용어로서 그 연구
경향을 특징적으로 표현하고 있다고 생각되어 그대로 쓰기로 하였다.

이는 고대의 일본이 4~6세기의 2백년간에 걸쳐서 한반도 남부를 근대의 식민지와 같이 경영하였으며, 그 중심적 통치기관이 '임나일본부'였다고 해석하여, 이른바 '남선경영론'의 골자를 이룬 견해였다.

이러한 해석의 시작은 거슬러 올라가면 『일본서기』가 편찬된 8세기경 또는 편찬 직후부터 '야마토[大和] 조정'에서 시작된 『일본서기』의 강의에서 비롯되었다고 볼 수도 있겠으나, 1720년에 완성된 『대일본사(大日本史)』에서 그 최초의 전형을 볼 수 있다. 『일본서기(日本書紀)』의 임나 관련 기사를 무비판적으로 수용하여 "신공황후(神功皇后) 때에 삼한(三韓)과 가라(加羅)를 평정하여 임나에 '일본부'를 두고 삼한 또는 한국(韓國)을 통제하였다"라고 기술하였다.

이러한 인식은 에도[江戶] 시대의 모토오리 노리나가[本居宣長]와 같은 국학자들의 '조선경영설'을 거쳐, 근대 일본이 천황주권국가를 표방하던 20세기 초에 간 마사토모[菅政友]·쓰다 소키치[津田左右吉]·이케우치 히로시[池內宏] 등에 의하여 확립되고, 1949년에 발표된 스에마쓰 야스카즈[末松保和]의 『임나흥망사(任那興亡史)』에 의하여 완성되었다. 이러한 해석은 1945년 일본의 패전에도 불구하고 1960년대 말에 이르기까지 일본고대사 또는 고대한일관계사 연구의 통설적 위치를 확고히 하고 있었다.

그러나 1960년대 말~1970년대 초에 전개된 '미일안보협약 반대투쟁'을 계기로 하여 이 해석에 대한 전면적인 재검토가 이루어지게 되었다. 이 시기에 붐을 이룬 동아시아사에 대한 관심은 한국사 연구의 재검토로 이어졌으며, '출선기관설'이 이용한 『일본서기』에 대한 비판은 물론 「광개토왕릉비문」과 「칠지도명문(七支刀銘文)」에 대한 재검토 및 논쟁이 활발히 진행된 것도 일본고대사학계가 이 시기에 이룬 성과의 하나였다. 이러한 연구를 통해 '출선기관설'은 이제 더 이상 통설의 지위를 점할 수 없게 되었으며, 중등학교 일본사 교과서의 기술은 별도로 하더라도 현재 이러한 학설을 주장하거나 여기에 근거하는 전문연구자는 거의 사라지게 되었다.

2. 가야의 왜인설

일본 내의 '출선기관설'을 재검토하는 분위기와 뒤에 소개할 북한의 연구에 자극 받아 일본연구자의 입장에서 제기한 수정론의 하나가 '가야(加耶)의 왜인설(倭人說)'이다. 이노우에 히데오[井上秀雄]는 '임나일본부'에 관련된 일련의 논고를 통하여 선사시대부터 가야지역과 일본열도는 교류가 활발하였으며, 그 결과 일본열도에 한반도 주민이 이주하였던 것처럼, 가야지역에도 일부 왜인들이 집단적으로 거주하게 되었으며 '임나일본부'는 그러한 왜인들 내지는 왜인과 한인(韓人)과의 혼혈인을 통제하는 행정기관에 해당하는 것으로 해석하였다. 즉 '임나일본부'는 근현대의 영사관(領事館)과 비슷한 것으로 '야마토[大和] 정권'의 통제를 받는 '출선기관'으로는 이해할 수 없으며 가야지역에 거주하는 왜인들의 자치기관과 같은 것으로 보아야 한다고 하였다.

그러나, 이러한 해석은 가야지역에 왜인들이 집단거주했다는 사실이 문헌적으로나 고고학적으로 증명될 수 없다는 약점을 안고 있다. 야마오 유키히사[山尾幸久]의 비판에 따르면, 이노우에가 그 문헌적 증거로 사용한 『삼국지』 위서 동이전을 비롯한 중국 사서에 대한 잘못된 해석에 말미암은 것이 확실하다.

114

3. 분국설

1963년 북한의 김석형(金錫亨)에 의하여 제기된 이른바 '분국설(分國說)'은 '임나일본부'의 문제뿐 아니라 고대한일관계사에 관련된 일본학계의 기본적인 발상을 완전히 뒤엎는 혁명적인 연구였다. 그는 선사시대 이래 삼한 삼국의 주민들이 일본열도로 이주하여 각기 자신들의 출신지와 같은 나라를 건국하여 모국에 대하여 분국과 같은 위치에 있었다고 전제하고, 이들 분국들 가운데 가야인들이 현재의 히로시마[廣島] 동부와 오카야마[岡山]에 걸치는 지역에 건국한 임나국(任那國)이 있다고 하였다. 이 임나국을 중심으로 서부에는 백제계 분국이, 동북 쪽에는 신라계 분국이, 동쪽에는 고구려 분국이 각각 위치하였으며, 동쪽으로는 '야마토 정권[倭]'이 위치하고 있었다.

『일본서기』에 보이는 '임나일본부'와 관련된 역사적 사실에 대해서는, 이 임나국을 중심으로 신라·백제·고구려·왜가 각축을 벌였고, '임나일본부'는 한반도의 가야지역과는 전혀 무관한 것으로 일본열도에 있었던 역사적 사실로 규정지었다. 즉 '야마토 정권'이 5세기 중후엽에 서부 일본을 통합해 나가는 과정에서 가야계 분국인 임나국에 설치한 통치기관이 '임나일본부'였다는 것이다.

고대 일본의 한반도 남부에 대한 진출론을 완전히 거꾸로 뒤집어 고대 한국의 일본열도 진출론을 확립하고 같은 맥락에서 '임나일본부' 문제를 해석한 것이다. 이 연구결과의 옳고 그름에 대하여는 재론의 여지도 적지 않으나, 고대한일관계사의 연구에 커다란 자극제가 되었으며, 기본적인 발상에 대한 재검토를 촉구하였던 의미는 아무리 크게 평가하여도 무리가 아닐 듯하다.

4. 백제군사령부설(百濟軍司令部說)

과거 일본의 '출선기관설'에 대한 북한학계의 비판이 '분국론'이라고
한다면, 한국학계의 본격적인 비판 및 대안 제시는 천관우(千寬宇)에
의하여 이루어졌다. 천관우는 가야사 복원을 염두에 두면서『일본서기』
에 대한 비판적 연구를 선행시켰다.『일본서기』에 보이는 임나(가야)
관련사료 중 '일본'이 주체로 묘사되어 있는 기사들에는 백제를 주체로
바꾸어 놓고 보면 사리에 맞는 것들이 적지 않다고 전제하였다. 예를
들어 4세기 말경 왜가 '가라칠국(加羅七國)'을 점령하였다는 기술은, 백제
가 가야제국을 정복한 기사라고 해석하였으며, 6세기 중엽에 보이는
'임나일본부'는 다름 아닌 '임나백제부'와 같은 것이었다고 해석하였다.
그리고 '임나백제부'는 백제가 군사적 목적으로 가야지역에 설치한 군사
령부 같은 성격으로 보았다.

이러한 해석에 따를 경우 가야제국에 대한 백제의 군사적 행동은 이해
할 수 있을지 모르겠으나, 백제의 군사행동에 보이는 왜병의 활동이라든
지, '임나일본부' 관련 기사에서 보이는 왜계통의 인명은 어떻게 해석해
야 좋을까 라는 의문이 남게 된다. 이러한 왜병의 존재와 왜계통의 인명에
대하여 대안을 제시한 것이 김현구(金鉉球)의 연구였다. 김현구는 백제군
과 함께 움직이는 왜병을 용병과 같은 성격으로 보고, 이러한 용병은
백제가 왜에 선진문물을 전수해준 데 대한 반대급부였으며, 왜 계통의
인명은 일찍이 일본열도에서 백제로 이주하여 백제왕의 신하 노릇을
하고 있던 왜계통의 백제인이라고 규정하였다.

5. 외교사절설(外交使節說)

이상의 연구들은 '임나일본부'의 실체에 대해서 각기 다른 해석을 전개하고 있으면서도 '임나일본부'를 왜의 통치기관이나 백제의 군정기관과 같은 관청이나 기관의 성격으로 이해하고 있다는 점에서 일치한다. 그러나『일본서기』에 보이는 '임나일본부' 관련사료에 의거하는 한, 통치나 군사적 역할을 했다고 볼 수 있는 기술은 전혀 보이지 않는다. 바로 이 점에 주목하여 주관적인 시각의 선행을 지양하고『일본서기』의 '임나일본부' 관련사료에 대한 비판적 연구를 바탕으로 보다 객관적으로 실체를 규명하는 연구가 제시되었다.

즉, '부(府)'라고 하는 표기는『일본서기』역사관의 산물로서 그 원형이 '미코토모치[御事持]'임을 확인하고, '미코토모치'의 실체가 기관이나 관청이 아닌 사신에 해당하는 것으로 해석하여 '임나일본부'를 임나에 파견된 왜의 사신들로 이해하였다.

이미 1970년대부터 스즈키 야스타미[鈴木靖民]·우케다 마사유키[講田正幸]·오쿠다 쇼[奧田尙]·기토 기요아키[鬼頭淸明] 등이 이 같은 견해를 내놓았으며 근년 한일고대사학계에서 가장 주목받는 해석으로 자리잡게 되었다. 필자 역시 이러한 연구를 바탕으로 '임나일본부'에 대한 체계적인 분석을 제시한 바 있다. 그 일부를 종래설의 비판과 실체규명 항목에서 소개하고자 한다.

종래 연구의 문제점

'분국론'은 별도로 하더라도『일본서기』에 보이는 '임나일본부'의 문제는 한반도 남부의 가야지역에서 일어난 역사적 사실임에 틀림없다. 그럼에도 불구하고 '임나일본부'의 실체에 대한 종래의 연구들은 일본학계의 왜국(倭國)에 의한 '출선기관설'이나 한국학계의 '백제군사령부설' 등에서 보이는 바와 같이 가야지역에 대한 왜나 백제의 이해관계만 강조하였을 뿐, 가야제국의 이해관계를 고려한 바가 전혀 없다. 이를테면 '임나(가야)가 빠진 임나일본부론'이 한일 양국의 연구경향에서 주류를 이루었다고 할 수 있다. 이러한 종래의 연구들은『일본서기』에 보이는 '임나일본부' 관련기사를 일별하여 살펴보는 것만으로도 얼마든지 비판이 가능하며, 무엇보다도 가야제국의 이해관계를 먼저 염두에 두지 않으면 도저히 이해하기 힘든 것이 '임나일본부' 문제임을 알 수 있을 것이다. 각각의 연구를 하나하나 논평을 할 여유는 없으므로 그 요점만을 열거하기로 한다.

(1) '임나일본부'의 표기와 그에 관련된 내용은 6세기 내용을 서술하고 있는『일본서기』흠명기(欽明紀)에 국한되어 있으나, '출선기관설'과 '백제군사령부설'에서는 '임나일본부'의 성립시기를 4세기 내용을 서술하고 있는『일본서기』신공기(神功紀)의 이른바 '신라정토설화(新羅征討說話)'나 '가라칠국평정설화(加羅七國平定說話)'에서 구하고 있다. 일본의 연구자들은 이러한 설화를「광개토왕릉비」의 신묘년조 내용과 결부시켜 4세기 말에 왜가 가야제국에 대한 지배권을 확보하고 그 중심적인 통치기관으로 '임나일본부'를 세웠다고 해석하였으나, '임나일본부' 관련 기사는 4세기(神功紀)가 아닌 6세기 중엽(欽明紀)에 한정되어 있다. 한국의 연구자(천관우·김현구)는 '가라칠국평정설화'에 대하여 가라칠국을 평정한 주체는 왜가 아니라 백제였다고 보고,『일본서기』의 찬자가 백제와 왜를 바꿔 쓴 데 불과하며 '임나일본부'는 백제가 가야지역에 설치한

백제군사령부 같은 것이었다고 해석하였다. 그러나 4세기 말에 가야지역의 일부를 평정한 백제가 6세기 중엽에 와서야 이 같은 백제군사령부를 설치하였다고 하는 것은 도저히 이해할 수 없다. 백제가 가야지역에 외교적으로 관여하게 되는 것은 점령이나 군정을 위해서가 아니라 동쪽의 대신라방어선을 안정시키기 위한 것이었다고 보아야 한다.

실상 '임나일본부' 관련기사에 의하면 백제 성왕은 스스로 가야지역에 관여하고자 하는 이유에 대하여 '북적(北敵)을 막고 신라를 제어하기 위함'이라고 밝히고 있다. 여기서 '북적'이란 고구려를 가리키는바, 백제는 외교적으로 가야제국과 '임나일본부'를 조종하여 동쪽의 신라방어선을 안정시키면서 자신의 주력을 고구려전선에 집중시키려 하였던 것으로 이해된다. 이러한 사실은 『삼국사기』 백제본기에 보이는 성왕대의 전쟁이 모두 고구려를 상대로 하고 있다는 데서도 확인된다.

(2) 또한 '임나일본부' 관련기사를 보면 왜나 백제가 가야제국에 대하여 조세(租稅) 징수, 역역(力役) 및 군사 동원, 그리고 정치적 강제와 같은 사실은 전혀 찾아볼 수 없다. 결국 관청이나 기관으로서의 '부(府)'의 존재를 나타내는 정치적·군사적 지배와 관련된 내용이란 도저히 찾아볼 수 없다. '임나일본부'에 관련된 기사들을 모두 살펴보아도 가야제국의 왕들과 보조를 맞춘 외교활동이 전부를 차지하며, 정치적·군사적 지배를 보여줄 만한 구절은 전혀 찾아볼 수 없다. 이러한 기사들에서 왜의 '출선기관'이라든지 백제의 '군사령부'와 같은 존재를 상정할 수 없다는 것은 두말 할 필요도 없다.

(3) 『일본서기』나 『삼국사기』에 보이는 임나 멸망기사를 보면 신라에 의한 가야제국의 최종적 통합을 전하고 있을 뿐, 이에 대해 왜나 백제가

신라에 군사적 행동을 취하였다는 내용은 편린조차 찾아볼 수 없다. 만일 '임나일본부'의 실체가 왜의 통치기관이나 백제의 군사령부였다고 한다면 이러한 일은 있을 수 없을 것이다.

(4) '가야의 왜설'의 경우도 마찬가지다. 만약 가야지역에 왜인이 집단적으로 거주하였고 이들의 자치적 행정기구가 '임나일본부'였다면 이들 왜인에 대한 통치행위가 기록되어야 마땅할 것이다. 그러나 『일본서기』에 보이는 '임나일본부'의 활동이란 단지 외교 부분으로만 한정되어 있다. 더욱이 가야지역에 왜인이 집단적으로 거주하였다는 것을 뒷받침해 줄 증거는 어떤 문헌이나 고고학 자료에도 없다.

최근의 발굴조사에서 왜계통 문물로 보이는 유물이 가야지역에서 확인되고는 있으나 그 수량이 매우 적으며, 출토 상황을 볼 때 전체적인 가야계통의 유물 속에 극히 일부로서만 확인될 뿐이다. 또한 해당 유물이 출토되는 유구─고분 역시 가야의 전통적인 묘제를 채용하고 있음이 확인된다. 왜인의 집단적인 거주를 증명할 수 있는 것은 아무것도 없다.

(5) '분국론'의 경우, 『일본서기』에 등장하는 '임나일본부'에 관련되는 임나 자체를 한반도가 아닌 일본열도에 존재하였다고 비정한 점이 치명적인 약점이다. '임나(任那)'라는 용어가 『일본서기』에 주로 보이는 것은 잘 알려진 사실이지만, 그렇다고 해서 『일본서기』가 이 용어를 조작한 것은 아니다. 우리 나라와 중국의 사료에도 '임나' 용례는 확인되기 때문이다.

『한원(翰苑)』에 인용된 중국의 인문지리지에 따르면, 한반도 남부의 가야지역을 총괄해서 '임나'라고 부르고, '가라·임나'의 국명을 언급하고 있다. 「광개토왕릉비」에 따르면 400년에 고구려군이 정벌한 땅의 이름으로 '임나가라(任那加羅)'가 보이는데, 연구자에 따라 고령 혹은 김해로 보는 차이는 있을지언정 가야지역을 가리킨다는 점에 대해서는 이견이 없다.『삼국사기』열전에 따르면, 7세기 중엽의 신라인 강수(强首)는 '임나가랑(任那加良)' 출신이라 한다. 강수가 충주[中原京] 출신으로 되어 있다는 점을 아울러 상기한다면 그가 일본열도 출신이라고는 도저히 생각할 수 없다. 그는 고령 대가야의 후예로서 그의 조상대에 신라에 의하여 충주로 사민(徙民)된 인물이라고 보아야 할 것이다. 창원의 봉림사에 있었던「진경대사탑비」(923년)에도 신라인인 진경대사가 '임나왕족'의 후예였음을 밝히는 구절이 확인된다. 이 역시 가야지역을 가리키는 것이라고밖에 볼 수 없다.

이렇게 볼 때 '임나'는 한반도의 가야지역을 가리키는 것이 분명하다. 물론 일본열도의 어느 지역에 가야계 분국이 존재하였을 가능성이 없다고는 할 수 없다. 그러나 적어도『일본서기』에 기록된 '임나일본부'의 관련 사료는 가야지역에서 전개되었던 역사적 사실을 반영한 것이라고 보아야 할 것이다.

'임나일본부'의 실체

1. '임나일본부'의 어의(語意)

그렇다면 '임나일본부'란 무엇이었을까? 우선 그 의미에 대하여 살펴보기로 한다. '임나일본부'를 임나(任那) + 일본(日本) + 부(府)가 합성된 말로 보고, 이를 살펴보면 다음과 같다.

'임나(任那)'가『일본서기』외에도「광개토왕릉비」·『삼국사기』열전 강수조·「진경대사탑비」·『한원』·『통전(通典)』등의 한국과 중국의 문헌에서도 확인되며, 가야의 이칭으로 쓰였다는 사실은 위에서 논증한 바와 같다. 따라서 '임나'란 『일본서기』가 창작한 말이 아니라 가야지역을 가리키는 말이다.

'일본(日本)'이란 국호는 7세기 이후에나 확인되는 것으로 '임나일본부' 문제가 거론되는 6세기 중엽에는 존재하지 않았다. 따라서 이는 『일본서기』를 편찬할 때 편찬자가 왜(倭)를 일본으로 고쳐 쓴 것에 불과하다. '일본부' 관련 사실을 전하는 『일본서기』 흠명기에서조차 '일본'과 '왜'를 혼용해서 사용하고 있다.

'부(府)'는 중국의 한대(漢代)에서 비롯되어 장군(列將－雜號將軍 이상)이 천자로부터 위임받은 군사권과 행정권을 행사하기 위하여 일정한 지역에 설치하였던 막부(幕府)를 의미하며, 기관이나 관청의 용례로 쓰이는 것이 보통이었다. 그러나 고대 일본에서는 중국과 같은 막부제가 시행된 적이 없으며 일본의 '부(府)'가 관청으로서 확인되는 것은 쓰쿠시토토쿠후[筑紫都督府, 667년]와 쓰쿠시다자이후[筑紫太宰府, 671년]가 가장 오래된 예다. 6세기에 '부'가 존재하였다는 말은 믿을 수 없다. 결국 『일본서기』 흠명기에 보이는 '부'는 막부나 관청이라고 볼 수 없으므로 이에 대한 분석은 별도의 접근방법을 필요로 한다.

한편 『일본서기』의 여러 필사본과 주석서를 살펴보면 '일본부'는 '야마토[倭]의 미코토모치[御事持]'라고 훈독하고 있다. 즉, 부(府)는 원래의 '미코토모치'를 한자로 표기한 것에 불과하며, 그 실체는 '미코토모치'였다고 볼 수 있다. 그렇다면 '미코토모치'가 어떠한 존재였던가를 추적하는 것이 곧 '일본부'의 실체를 파악하는 열쇠가 될 것이다.

다이카 전대[大化前代, 645년 이전]의 '미코토모치'란 왕의 명령[詔]을 전달하기 위하여 지방에 파견되었다가 맡은 임무를 마치고 나면 왕에게 되돌아오는 '일회성 사신'이었다. 그렇다면 '일본부'로 표기된 6세기 중엽의 '야마토의 미코토모치'란 왜의 사신[倭使]이며, '임나일본부'는 바로 왜에서 임나(가야)로 파견된 사신이었다고 할 수 있다. 최근 한일 양국의 고대사학계는 이러한 해석에 많은 지지를 보내고 있다.

2. '일본부'=왜(倭)의 사신들

『일본서기』에 보이는 '일본부' 관련 인명을 들어 보면 이키노오미[印岐彌]·고세노오미[許勢臣]·이쿠하노오미[的臣]·기비노오미[吉備臣]·가와치노아타히[河內直], 그리고 아현이나사(阿賢移那斯)와 좌로마도(佐魯麻都)가 전부다. 아현이나사와 좌로마도는 『일본서기』에서도 가야인으로 기술되어 있고, 이키노오미와 고세노오미는 단편적으로만 보이므로 이쿠하노오미·기비노오미·가와치노아타히 세 사람이 '일본부'의 실체라 할 수 있다.

더구나 『일본서기』 흠명 15년(554) 12월조에는 '안라일본부(安羅日本府)'에 대하여 "안라(安羅, 함안의 아라가야)에 있는 여러 왜신(倭臣)들"이라고 표기하고 있다. '일본부'란 왜의 사신 내지는 왜사(倭使)들 집단이 그 실체였음이 다시 한 번 확인되는 셈이다. 물론 이쿠하노오미·기비노오미·가와치노아타히의 세 사람이 그 중심을 이루고 있는 것이 분명하다. 또한 이들에 대한 『일본서기』 흠명기의 표기를 보면 기비노오미는 임나일본부로, 가와치노아타히는 안라일본부로 각각 기술되어 있어 양자의 조합이 엇갈리는 경우는 없다.

흠명 2년(541)과 4년(543)조에 의하면 '임나일본부'와 '안라일본부'는 같은 시기에 안라국에 위치하고 있었던 점이 확인된다. '일본부'가 왜의 통치기관이나 백제의 군사령부였다면 이런 일은 일어날 수 없다. 따라서 일본부란 왜의 통치기관이나 백제의 군사령부일 수 없으며, 임나일본부 길비신(任那日本府吉備臣)이라는 인명은 임나(가야)에 파견된 왜의 사신인 기비노오미[吉備臣]를 가리키며, 안라일본부하내직(安羅日本府河內直)은 안라에 파견된 왜의 사신 가와치노아타히[河內直]로 이해하는 것이 타당하다. 또한 이쿠하노오미[的臣]가 '일본부경(日本府卿)'으로 표현되어 마치 왜사들('일본부')을 통괄하는 것처럼 묘사되고 있는데, 이는 각기 다른 목적으로 파견된 기비노오미와 가와치노아타히 사이에서 각각의 의견을 조종하는 역할을 하였기 때문에 생겨난 전승을 이렇게 기록한 것으로 이해하여야 할 것이다.

3. 가야제국과 '일본부'들의 활동

그렇다고 할 때 이쿠하노오미·기비노오미·가와치노아타히 등의 왜사(倭使)들은 실제로 어떠한 활동을 하였는지 살펴볼 필요가 있다. 이를 통해 앞에서 서술한 '일본부'의 실체가 보다 분명해질 뿐만 아니라, 이들과 가야제국과의 관계도 보다 확실해질 것이다. 이들 '일본부'들의 활동에 보이는 중요한 특징만 간단히 추려보면 다음과 같다.

(1) 흠명 2년(541) 4월과 7월조에 의하면 '임나일본부'인 기비노오미[任那日本府吉備臣]는 안라(함안)·가라(고령) 등 가야제국의 왕들과 함께 백제를 상대로 하는 외교교섭에 참가하고 있으며, '안라일본부'인 가와치노아타히[安羅日本府河內直]는 신라와의 외교교섭에 참가하고 있다. 또한

흠명 5년(544) 3월조에 의하면 이쿠하노오미[的臣]·기비노오미[吉備臣]·가와치노아타히[河內直] 등은 가야제국 왕들의 편에 서서 신라와의 외교교섭에 참가하고 있음이 확인된다. 이와 같이 '일본부'에 관련되는 모든 사료는 외교기사로만 국한되고 있어, 왜에 의한 '일본부'들의 파견이 가야나 한반도 남부를 정치적으로 통제하기 위해서가 아니라, 외교에 그 목적을 두고 있었음을 알 수 있으며, 이러한 내용은 '일본부'의 실체가 '왜의 사신[倭使]'이었다는 분석과도 잘 합치된다.

   (2) 이러한 '일본부'들의 외교활동은 다음과 같은 시기적인 특징을 보인다. 전기에는 친백제·반신라적인 외교를 전개하다가, 후기에는 친신라·반백제적인 외교로 전환하고 있다. 이러한 시기적인 변화는 '일본부'들의 활동이 왜나 백제의 이해관계를 대변하는 것이 아니라 가야제국의 이해관계를 잘 반영한 것으로 보인다. 우선 '일본부'들은 언제나 가야제국의 왕들과 공동 보조를 취하고 있으며, 왜왕이나 백제왕의 명령에 따라 움직였다는 대목은 전혀 찾아볼 수 없다.

   또한 532년을 전후로 하여 금관국(김해)을 비롯한 동부 가야제국이 신라에게 통합되면서 안라국·대가야와 같은 남부와 서북부 가야제국은 백제와의 외교를 통하여 동부 가야제국의 부흥을 꾀하는 한편, 자국들의 독립을 유지하고자 노력하였다. 그러나 백제는 이를 기회로 남부가야에 '군령성주(郡令城主)'를 설치하는 등 가야에 대한 간섭을 노골화하였다. 이에 대해 가야제국은 다시 신라와의 외교를 통하여 백제의 간섭을 배제하려는 움직임을 취하게 된다. 즉, 가야제국에 의한 친(親)백제·반(反)신라정책이 반백제·친신라정책으로 전환되는 것이 확인되는 셈이며, '일본부'들의 행동은 왜나 백제가 아닌 가야제국의 이해관계를 대변하는 것이었음을 알 수 있다.

(3) 이 시기의 '일본부'들은 파견될 때와는 다르게 그 파견 주체인 왜왕과 꽤나 소원한 관계에 있었음이 확인된다. 백제의 성왕은 반백제·친신라정책을 추진하고 있는 가와치노아타히 등을 본거지로 송환하라고 여러 차례 왜왕에게 요청하고 있는데, 왜왕은 아무런 실력행사도 하지 못하고 있다. '일본부'들이 이미 왜왕의 통제와는 무관한 위치에 있었다는 것을 짐작케 하는 대목이다. 또한 이 시기에 왜왕은 몇 차례에 걸쳐 가야 문제에 대한 자신의 입장을 밝히고 있으나, 그것이 '일본부'들에게는 직접 전달되지 못하고 백제나 신라를 통하여 간접적으로만 전달되고 있다. 따라서 이 시기의 왜왕은 '일본부'들을 제대로 통제하지 못하였으며 관계도 또한 아주 소원하였음을 알 수 있다.

(4) 그렇다면 왜에서 임나와 안라에 각각 파견된 이쿠하노오미·기비노오미·가와치노아타히 등은 어째서 왜왕에게서 떨어져 가야의 왕과 친밀한 관계를 유지하게 되었을까? 이에 대해서는 이들의 출신과, 왜의 사신으로서는 이례적으로 가야지역에서 오랫동안 머물렀다는 점을 염두에 둘 필요가 있을 것이다. 『일본서기』 흠명기와 현종기 3년(487)조 기사를 아울러서 살펴보면 가와치노아타히는 원래 가야에서 일본열도의 가와치 지역[河內地域, 현재의 오사카 일대]으로 이주한 가야계 도래씨족의 일원임이 분명하고, 기비노오미도 가야계의 도래씨족적 요소를 풍부하게 가지고 있으며, 이쿠하노오미는 가와치노아타히와 인접한 가와치 지역의 씨족으로, 파견 전부터 가야문화에 익숙해 있었을 것이다. 결국 가야에서 일본열도의 가와치나 기비[吉備, 현재의 오카야마 일대]에 이주한 이들은, '야마토 정권'에 의해 가와치와 기비 지역이 통합된 후 가야의

언어와 문화에 익숙하다는 점 때문에 다시 가야지역으로 파견된 것으로 보인다. 또한 이들은 다른 왜의 사신들과는 달리 가야지역에 비교적 장기간에 걸쳐 체류하였다. 이러한 이들의 출신 요소와 장기체류가 시간이 지남에 따라 왜왕과의 관계를 멀어지게 만들고, 가야제국의 왕과는 친밀한 관계를 구축하도록 하는 데 크게 작용하였을 것이다.

(5) 이와 같은 관계는 흠명 5년(544) 3월조에 백제 성왕이 이들을 맹렬하게 비난한 데서도 확인된다. 성왕은 "지금 이쿠하노오미·기비노오미·가와치노아타히 등은 가야인(加耶人) 아현이나사와 좌로마도의 지시에만 따를 뿐이고, 아현이나사와 좌로마도는 '일본부'들을 좌지우지하고 있다"고 하였다. 아현이나사와 좌로마도가 서부가야왕의 후예라는 것은 『일본서기』 흠명 5년과 현종 3년조에서 확인되고 있다. 결국 '일본부'들은 왜왕이나 백제왕이 아닌 가야제국의 왕에 의하여 조종되고 있었음이 확실하다고 하겠다.

(6) 한편 가야제국은 '일본부'들을 자기 측에 붙여둠으로써 백제와 신라에 대하여 왜의 세력이 가야제국의 배후에 있는 것처럼 보이도록 하였다. 이는 신라와 백제와의 외교교섭에서 보다 유리한 위치를 차지하고, 동시에 가야지역에 대한 신라와 백제 침략을 방어하면서 자국의 독립을 유지하는 데 이들을 활용하기 위해서였던 것으로 이해하여야 할 것이다.

맺음말

이상과 같이 '임나일본부'에 관한 한일고대사학계의 연구동향을 간단하게 정리, 비판해 보고, 그 실체에 관한 필자의 생각을 간략하게 피력해 보았다. 이상의 내용을 요약하는 것으로 맺음말을 대신하고자 한다.

(1) 종래 한일학계의 연구에서 왜나 백제를 중심으로 '임나일본부' 문제를 해결하고자 하였던 것은 가야제국의 자체적 발전론이나 이해관계를 완전히 도외시한 시각이었으며, 사실에 대한 객관적인 분석이었다기보다는 '일본학계의 막연한 선입관과 한국학계의 감정적 반발'의 산물이었다.

(2) '임나일본부'와 '안라일본부'는 왜의 통치기관이나 백제의 군사령부와 같은 것은 아니었으며, 임나와 안라에 파견된 왜의 사신인 기비노오미[吉備臣]와 가와치노아타히[河內直]가 그 실체였다.

(3) 이들 '일본부'의 활동이란 가야제국의 왕들과 공동으로 보조를 맞추어 백제 또는 신라와의 외교교섭에 참가한 것이 전부였다.

(4) 백제나 왜는 동쪽 방어선의 안정과 선진문물수입의 창구 유지라는 이해관계를 관철시키기 위하여 가야지역에 관여하고, 각기 '일본부'들을 이용하고자 하였으나, '일본부'들은 서부 가야왕의 후예인 가야인 아현이나사와 좌로마도의 통제에 따르고 있었다.

(5) '일본부'들의 외교활동 내용이나 그 주장들을 보면 동부의 신라와 서부의 백제의 침략에 대하여 가야제국의 독립을 유지하고자 하였던 바와 일치되는 것들뿐이다.

(6) 가야제국의 왕들은 자국의 독립을 유지하기 위하여 백제·신라·왜와의 외교교섭에 '일본부'들을 전면에 내세우고자 하였다. 이렇게 함으로써 왜와의 관계를 원활히 함과 동시에 백제와 신라에 대하여는 왜 세력이 자신의 배후에 있는 것처럼 보이도록 하여 양국의 침략을 견제하고자 하였던 것이다.

참고문헌

『大日本史』卷27 列傳164 諸蕃1 新羅傳 諸蕃6 任那傳

末松保和,『任那興亡史』, 大八洲出版, 1949.

김석형, 「삼한·삼국의 일본열도 내 분국들에 대하여」,『력사과학』1, 1963 /『초기조일관계사』, 사회과학원출판사, 1966.

井上秀雄,『任那日本府と倭』, 東出版寧樂社, 1972.

천관우, 「복원가야사」 상·중·하,『문학과 지성』28·29·31, 1997~98 /『가야사 연구』, 일조각, 1990.

鈴木靖民, 「いわゆる任那日本府および倭問題」,『歴史學硏究』405, 1974. 2.

請田正幸, 「六世紀前期の日朝關係-任那'日本府'を中心として-」,『朝鮮史硏究會論文集』11, 1974. 3.

李永植,『加耶諸國と任那日本府』, 吉川弘文館, 1993.

이영식, 「'임나일본부'를 재해석한다」,『역사비평』28, 1994.

가야왕, 무엇을 남겼나

홍 보 식 복천박물관 조사보존실장

고고자료상의 가야왕

『삼국사기』와 『삼국유사』의 일부 기사에서 확인되는 가야왕의 실체와 관련해서는 딱히 이렇다고 할 만한 내용이 없다. 가야는 고구려 및 백제·신라와 같았다고는 할 수 없겠지만, 어떤 형태로든 최고의 우두머리가 존재하였을 것이다. 『일본서기』에 따르면, 안라(安羅)와 가라(加羅)에는 왕이 있고, 다른 소국에는 한기(旱岐)라는 지배자가 있었음을 알 수 있다. 신라의 경우도 최고 지배자의 칭호가 거서간(居西干) → 차차웅(次次雄) → 이사금(尼師今) → 마립간(麻立干) → 왕(王)이란 과정을 거쳐 왔음이 『삼국사기』에 기록되어 있다. 최고지배자의 칭호가 변화된 이면에는 지배권의 변화가 있었음이 분명하다.

그런데 고대 사서에 일부 등장하는 가야왕의 존재, 그리고 그들이 다른 신분과 실제적으로 어떤 차이를 지녔는지를 밝혀줄 문헌은 현재로서는 없다. 그러면 우리는 무엇으로 그들의 존재를 인식할 것인가. 앞으로 새로운 연구방법이나 왕의 행적을 알려줄 수 있는 새로운 자료가 발견되지 않는 한, 현재 유일한 방법은 발굴조사를 통해 확인된 대형 무덤에 주목하는 것뿐이다.

무덤은 죽은 사람의 안식처를 마련하기 위해 만든 기념비이다. 그러나 시대를 불문하고 무덤을 통하여 권력자의 존재를 확인할 수 있는 것은 아니다. 적어도 무덤이 만들어지는 위치, 규모, 부장품의 구성 등에서 무덤 간에 뚜렷한 차별성이 드러나는 시점부터 찾아야만 된다.

그러면 그 시점은 언제부터일까. 연구자에 따라서 다소 차이가 있지만, 그 시점은 대략 기원후 3세기부터라고 할 수 있다. 고고학적 자료를 통하여 설정되는 권력자의 무덤은 우리가 일반적으로 알고 있는 왕묘의 모습은 아니다. 예를 들면, '무수히 많은 무덤 중 아무런 근거도 없이 이것은 세종대왕의 왕릉이고, 저것은 양녕대군의 묘다'라고 지칭할 수 없다. 물론 묘지나 기타 묘의 주인공 이름이 남아 있는 경우, 예를 들면 공주 송산리에 있는 한 무덤에서 출토된 묘지석에 "寧東大將軍百濟斯麻王年六十二歲癸卯年五月丙戌朔七日壬辰崩"이라는 명문이 나와 이 무덤은 백제 무령왕(武寧王)의 능이라는 사실이 밝혀졌다. 영주 순흥에 있는 한 무덤에서는 "於宿知述干"이란 묵서(墨西)가 나와 이 무덤이 어숙지(於宿知)의 무덤임을 확인할 수 있지만, 그 밖의 대부분의 무덤은 주인공이 누구인지 모른다. 대개 고분이라고 하면, 왕 또는 왕에 버금가는 권력을 가진 자의 무덤을 가리킨다. 그렇게 보면 고분은 가라국(加羅國)의 중심지였던 고령 지산동고분군에도 존재하며, 다라국(多羅國)의 중심지가 있었다는 합천 옥전고분군에도 존재한다.

고분의 존재는 어떻게 확인할 수 있을까?

먼저 어떤 무덤을 보고 고분이라고 규정지을 것인가에 대해서는 연구
자 사이에 약간의 견해 차이가 있는데, 대개 다음과 같은 점들이 확인되는
무덤을 왕묘라 한다. (1) 입지의 우월성 (2) 무기의 개인집중화 (3) 묘광의
장대함(매장주체부의 대규모화) (4) 순장 등을 들 수 있다. 상기한 요소들
은 특정 무덤에서만 확인되며, 이런 요소를 갖춘 고분을 '왕묘'라고 할
수 있다.

'왕묘' 출현 이전의 모습

고분이라고 규정지을 수 있는 위의 요소들은 3세기 후반이 되면 영남의
주요 지역에서 나타나기 시작하는데, 그 기반은 기원전후 시기에 마련되
고 있었다.

기원전후의 영남지역 묘제는 목관묘이다. 목관묘는 구릉과 평지가
이어지는 곳에 무리를 형성하고 있으므로 특정 무덤이 좋은 곳에 위치하
는 현상은 발견할 수 없다. 창원 다호리분묘군이 가장 대표적인 예이다.

다호리분묘군은 지금까지 다섯 차례에 걸쳐 발굴조사가 이루어져 70여
기의 목관묘가 확인되었는데, 모두 평지에 위치한다. 70여 기 중 가장
특징적인 분묘는 1호묘이다. 1호묘에는 통나무 목관과 각종 철제 및
청동 무기·농공구·철소재·각종 칠기류·붓·중국거울·오수전 등
많은 유물이 부장되어 있었다. 입지면에서는 다른 분묘들과 차이가 없으
나 부장품에서는 월등하게 차이가 난다. 다호리 1호묘와 유사한 내용을
보이는 예로는 김해 양동리 목관묘, 영천 어은동, 경주 조양동 38호묘,
경주 사라리 130호묘 등이 있다. 이들 분묘는 일 개인이면서 중국거울을
비롯하여 당시의 최고급품을 집중 소유하고 있는 자로서 일정 지역의

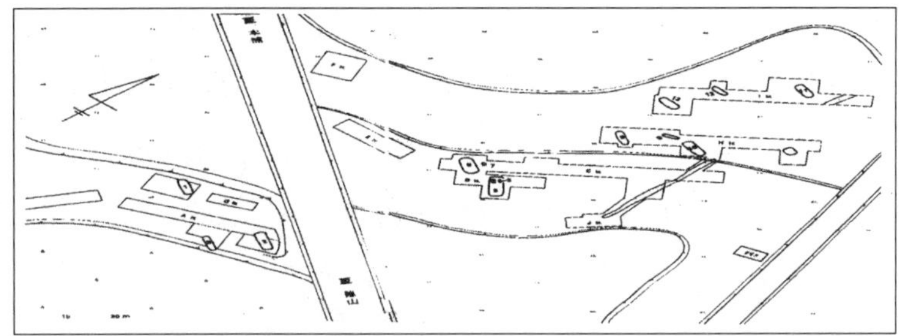

창원 다호리분묘군 배치도

창원 다호리 1호묘와 출토 유물

권력구조에서 최정점부에 있었던 사람의 분묘이다.

이러한 분묘들은 영남의 모든 지역에서 발견되는 것이 아니라 진영, 김해, 경주, 영천 등 일부 지역에 국한되어 있다.『삼국지』동이전(東夷傳) 한조(韓條) 변진전(弁辰傳)에 의하면, 한(韓)에는 대국(大國)과 소국(小國)이 있고, 최고 지배층으로서 거수(渠帥)가 있었다고 한다. 그렇다면 당시 최고급품을 집중적으로 소유할 수 있는 자는 몇몇 일부 지역에 국한되어 있었고, 그 대상자를 대국의 거수층으로 상정할 수 있다면, 다호리 1호묘의 주인공은 곧 대국의 거수층에 해당하지 않을까? 대국의 거수층들이 청동거울, 허리띠 장식, 중국 화폐, 유리구슬 등의 사치품은 물론 부의 척도인 철소재를 장악하고, 개량 농공구와 첨단 무기까지 보유하는 등 소국의 거수층 및 일반 성원들과는 명확하게 구분되어 있었다는 사실은 당시 무덤에 부장된 물품을 통해 추정할 수 있다.

그런데 그 무덤이 다른 분묘와 구별되는 장소에 따로 위치하지 않고, 일반 성원들의 무덤과 섞여 있다. 또 목관의 규모와 형태, 목관을 내장하고 있는 묘광의 규모 등도 다른 분묘들과 크게 다르지 않다. 이와 같이 거수층의 분묘와 일반 성원들의 분묘가 따로 분리되어 있지 않았다는 사실은 이들이 아직 일반 성원들과는 차별화된 권력자로서 부상되지 못했음을 의미한다. 단 당시의 최고급 물품을 소유하고 있었던 사실로 미루어 일반 성원들보다 약간 우월한 존재였을 것이다. 이러한 추정은 동이전 한조에 보이는 "잡거하고, 능히 제어하지 못한다(國邑雖有主帥 邑落雜居 不能善相制御)"는 표현과도 어울린다.

2세기 후반이 되면 목관묘는 사라지고 목곽묘라는 새로운 무덤 형태가 등장한다. 이 목곽묘가 만들어지면서 무덤의 위치는 구릉으로 옮겨가게

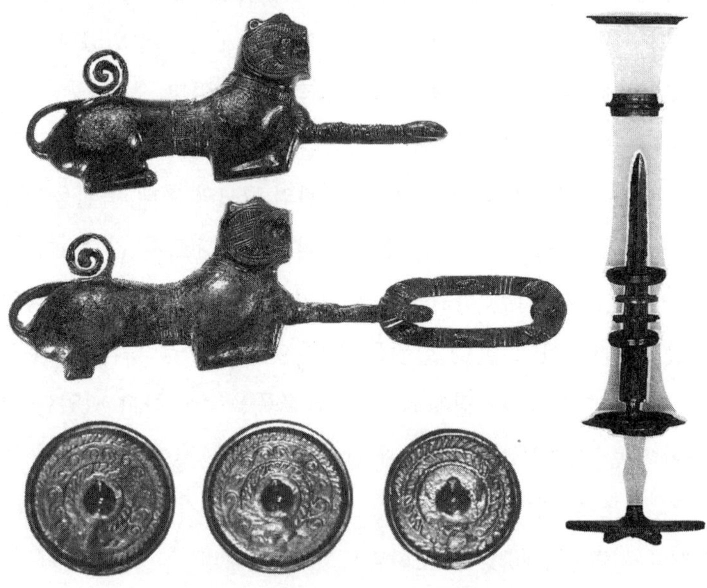

경주 사라리 130호묘와 출토 유물

된다. 거기에 특정 무덤이 다른 무덤들이 만들어진 곳보다 좋은 장소인 구릉의 정상부에 위치하며, 다른 무덤보다 규모가 훨씬 커지는 현상이 나타난다. 목관묘가 만들어졌던 시기와는 질적인 차이를 보이기 시작한 것이다. 그러나 부장품 내용에서는 뚜렷한 변화가 나타나지 않는다. 무덤 형태가 바뀌기는 했지만 사회변화는 매우 점진적으로 이루어지고 있었음을 나타내는 것으로 보인다.

'왕묘'의 성립

3세기 후반이 되면, 이전 시기와는 다른 모습들이 무덤에서 나타난다. 우선 무덤이 산지에서 파생되어 나온 여러 지맥 중 독립적이고 전망이 좋은 구릉 또는 평야가 펼쳐진 곳의 돌출된 구릉에 위치하여, 그 입지의 우월성이 확인된다. 전자의 예로는 동래 복천동고분군을 들 수 있고, 후자의 예로는 김해 대성동고분군을 들 수 있다.

복천동고분군이나 대성동고분군과 같은 입지조건을 갖춘 고분군은 현재의 시(市)나 군(郡)과 같은 공간 범위에서 1개 소 정도 확인되며, 그 밖의 고분군은 대부분 얕은 구릉의 사면에 위치한다. 김해 화정·두곡·칠산·양동·윗덕정·능동·내덕리고분군 등은 대성동고분군 주위에 있는 중·소형묘로 구성된 분묘유적으로, 모두 높은 산에서 뻗어내린 야트막한 산의 정상부 또는 완만한 경사면에 위치한다.

이상과 같이 우월한 입지에 고분군을 만든 집단의 구성원들은 그렇지 못한 집단들과 그 구분이 분명하다. 그리고 좋은 입지를 선정한 고분군 내에서도 규모가 큰 고분은 구릉의 능선부에 위치하고, 경사면에는 중·소형 고분들이 위치하는 관계가 명확하게 나타난다.

김해 대성동고분군 전경

   대형 고분에 부장된 유물은 보통 수백 점에 이르며, 많은 유물이 부장된 후장(厚葬)이다. 왕묘가 성립되기 이전의 분묘에는 철기류만 후장되었으나 왕묘가 성립된 이후에는 토기와 철기가 모두 후장되었다. 토기와 철기가 모두 후장된 가장 빠른 예는 김해 대성동 29호묘이다.

   김해 대성동 29호묘의 규모는 길이 960cm, 너비 560cm에, 깊이는 발굴조사 때 130cm였으나 원래는 더 깊었을 것이다. 목곽 내부를 3등분하여 서쪽에서부터 세로 8열, 가로 6열로 48점의 토기를 부장하고, 토기 위에 칼·끌·낫 등의 농공구를 부장하였다. 목곽의 중앙부에는 300여 점의 철촉, 무기형 도끼, 북방계 유물인 동복을 부장하였고, 동쪽에는 91점의 판상도끼를 깔고 그 위에 수십 점의 토기를 부장하였다. 전체 부장 유물은 500여 점에 이르는데, 이 같은 후장은 이전 시기에는 볼 수 없었던 현상이다.

대성동 29호묘보다 시기는 약간 뒤떨어지지만, 동래 복천동고분군 38호묘는 구릉 정상부의 돌출된 지점에 위치하며 주곽과 부곽을 가진 대형 목곽묘이다. 주·부곽 모두 합해서 길이가 10m 이상이나 된다. 고리자루큰칼 2점, 창 20여 점, 화살촉 500여 점, 갑옷 2벌, 투구 1벌, 재갈, 덩이쇠 20매, 순장 1인, 오리모양토기 1쌍 등 많은 양의 유물이 출토되었는데, 같은 시기의 다른 무덤에 비해 입지 및 유물의 양과 질이 월등히 뛰어나다.

대형 고분은 부장 공간을 구획하여 부장품의 성격에 따라 부장을 달리한다. 토기는 주인공의 발치와 머리 위쪽 공간에, 고리자루칼은 머리맡 또는 허리 부근에 놓고, 철소재인 판상도끼 또는 덩이쇠는 바닥에 깔고, 화살촉·창·칼 등의 무기들은 한곳에 모아 놓으며, 순장자는 발치 또는 허리 부근에 매장한다.

이처럼 이 시기의 대형 고분은 입지와 부장 유물의 상징성에서 다른 고분들과 현격한 차이를 보이는데, 입지의 우월성과 묘의 장대함, 유물의 후장, 철소재 및 철제 무기의 다량 보유 등은 이 시기 최고 지배자의 모습이라 할 수 있다. 입지의 우월성, 묘의 장대함, 유물의 후장 등은 여타 성원들과의 차별을 강조하는 것이며, 철소재의 다량 부장은 당시 부와 권력의 물적 기반인 철생산 및 철기의 장악을 의미하는 것으로도 해석된다.

철제 무기를 다량 부장한 것은 무기를 숭배하는 경향과 함께 많은 양의 무기를 소유 관리하고 있었음을 의미한다. 많은 양의 무기소유와 무기숭배 현상은 이 시기에 전쟁이 빈발하였던 상황을 보여준다. 영남지

대성동 29호묘와 출토 유물

복천동고분군 전경

복천동 38호묘 전경

4세기대의 무기와 무구

역의 경우, 3~4세기대는 고대국가 성립기로서 치열한 정복전쟁이 전개되었고, 이 전쟁을 이끄는 전사집단의 우두머리가 이 시기 왕의 모습일 것이다. 이 정복전쟁에서 승리한 자의 이상적인 모습을 대형 무덤에 표현하고자 하였을 것이다.

또한 왕의 신성성을 강조하기 위한 수단으로서, 왕이 천손의 자식이라는 지배이데올로기를 표방한다. 즉 지배집단의 출현을 천손강림(天孫降臨)이라는 형태로 표현하였으며, 천상에서 지상으로의 이러한 강림을 연결해 주는 동물로서 신성한 새를 등장시켰다. 이 시기 대구—경주—울산—부산 등지의 대형 고분에서 출토되는 오리모양토기는 이 같은 상황

142

오리모양토기

을 사실적으로 표현하는 것이 아닐까. 오리모양토기가 특정 분묘에서 출토되는 것은, 곧 왕 및 왕족집단의 등장을 의미할 수도 있다.

이 시기 가야의 중심권은 낙동강 하류유역의 금관가야였다. 금관가야의 왕묘군인 대성동고분군의 대형묘를 보면, 무기와 철자원에서 북방계, 중국계 및 왜계 등 외래 유물을 독점하는 현상이 두드러진다. 외래 물품이 특정 정치체의 권력 중추부 구성원들에게 독점되었다는 것은 그들이 당시 국제교역을 장악하고 있었음을 나타낸다.

그리고 외래 물품이 대성동고분군에 집중되어 있는 것은 금관가야의 최고 지배자들의 권력이 다른 가야의 최고 지배자들의 권력보다 더욱 강하였음을 보여준다.

대성동고분군 출토 외래 유물

왕과 한기(旱岐)

광개토왕 남정 이후 금관가야가 쇠퇴하면서 가야는 새로운 구심점을 찾기 위한 재편작업이 진행되었고, 그 결과 각각의 거점지역에서 새로운 지배세력으로 부상한 집단들이 있었다. 고령의 대가야, 함안의 아라가야, 고성의 소가야, 창녕의 비사벌가야 등이 그것이다. 이들 각각의 가야는 일정 정도의 권역을 확보하고, 권역 내의 집단 간에 유대의식을 지녔다.

고고학에서 사용하는 양식권이 뚜렷하게 나타나는데, 가장 두드러진 것이 토기양식이다. 연구자들이 사용하는 고령계 토기(또는 대가야계 토기), 고성계 토기라고 하는 것은 토기의 형태와 종류, 문양 등에서 각 가야마다 차이가 있음을 나타낸다. 우리는 토기에서와 같은 공통된 물적 특징을 가지는 유물의 분포범위를 통하여 정치체의 권역을 논하기도 한다. 가야 권역을 논할 때도 현재로서는 이 방법이 가장 유용하게 이용된다. 여기서는 동일 양식의 토기가 분포하는 범위를 하나의 권역, 즉 모모가야(某某加耶)로 설정하고 논의를 진행시키고자 한다.

5세기대 이후의 토기양식은 크게 고령양식, 함안양식, 고성양식, 창녕양식으로 구분되며, 각각의 양식은 대가야, 아라가야, 소가야, 비사벌가야에 대응한다. 그리고 동일 양식의 토기가 분포하는 권역 내에서는 고분이 특정의 한 곳에만 위치하는 것이 아니다. 고령계 토기가 분포하는 범위 예로 들면, 고령 지산동, 합천 옥전·반계제·삼가, 함양 백천리 등지에 거대한 봉분을 가지는 고분이 있다. 이들 모두를 왕묘라고 본다면, 고령계 토기가 분포하는 범위에는 여러 지역에 왕이 존재하였다는 말이 된다. 그러나 큰 봉분을 가졌다고 해서 그 모두를 왕묘로 볼 수 있는 것은 아니다.

5세기대에 들어오면, 목곽묘가 사라지고 돌로 곽을 만든 수혈식석곽묘가 가야의 각 지역에 축조된다. 수혈식석곽묘는 석곽의 뚜껑으로 돌이 사용되어 무덤을 만든 후에도 좀처럼 부스러지지 않고 그대로 유지된다. 그리고 석곽의 일부가 지상으로 올라오자, 지상에 노출된 석곽을 보호하기 위한 외피시설이 필요하게 되었고, 그것을 보호하고 외관적인 과시를 하기 위한 하나의 표시로서 봉분을 만들었다. 앞 시기의 목곽묘에도 봉분은 있었지만, 목곽이 지상으로 올라오지 않고, 또 목곽이 썩어 안으로 무너지는 등 봉분의 높이가 낮아 외관상 그리 크게 보이지 않았을 것이다. 그러나 수혈식석곽이 축조되면서 지상에 큰 규모의 봉분이 만들어지게 되었다. 우리가 영남 서부지역을 답사하다 보면, 산 능선에 큰 봉분이 있는 고분을 흔히 볼 수 있다. 이 같은 고분의 내부구조는 대부분 수혈식석곽이라 보아도 틀리지 않는다.

그런데 큰 봉분이 있는 고분이라고 해서 모두 왕묘라고는 볼 수 없다고 하였다. 그렇다면 어떤 무덤이 왕묘이고, 어떤 무덤이 왕묘가 아닌지 어떻게 구분해 낼 수 있을까? 사실 이것을 구별하기란 거의 불가능에 가까울지도 모른다.

전제군주국가 시기의 왕이 보유한 절대권력만을 상상할 경우 이해가 잘 안 가는 부분도 있을 터인데, 모모 가야라고 할 때는 그 안에 하나의 중심집단과 수개 또는 수십 개의 주변부의 중심집단이 모여 이루어진 것이다. 삼한시대에는 몇 개의 대국과 수십여 개의 소국으로 나뉜 상태에서 하나의 대국이 주변의 여러 소국들을 지배하면서 그 소국 지배층의 기반을 그대로 인정하는 형태가 어느 정도 지속되었다. 삼한시대에 소국의 지배자였던 이들은 삼국시대에 들어와서도 그들이 관할하는 구역을

지산동 32호분 출토 유물

인정받는 등 어느 정도 자치권을 행사하였다.

『일본서기』 흠명기(欽明紀) 2년(541)조에 의하면, 신라에게 멸망당한 임나(탁기탄·남가라·탁순)를 부흥시키기 위한 회의가 백제에서 열렸는데, 그 회의를 임나부흥회의(任那復興會議 : 任那復建會議, 泗沘會議 등으로도 부른다)라고 한다. 이 임나부흥회의에는 여러 가야국의 대표자가 참가하였는데, 그 참가자의 명칭을 보면, 안라(安羅) 차한기(次旱岐), 가라(加羅) 상수위(上首位), 졸마(卒麻) 한기(旱岐), 산반해(散半奚) 한기아(旱岐

兒), 다라(多羅) 하한기(下旱岐), 사이기(斯二岐) 한기아(旱岐兒)로 되어 있다. 이 기사를 통해 유추해 보면, 안라·가라·다라는 차한기, 상수위, 하한기 등이 참가하였고, 그 이외에는 한기 또는 한기아가 참가하여 안라·가라·다라의 삼국과는 차이가 있음을 알 수 있다. 그리고 안라를 제외하면, 임나부흥회의에 참가한 소국들은 모두 고령양식 토기가 분포하는 지역에 위치한다.

고령양식 토기가 분포하는 지역만을 대상으로 하면, 가라와 다라가 상위에 있고, 졸마, 산반해, 사이기 등은 하위에 있다. 가라와 다라에는 왕이 최고 지배자이며, 졸마, 산반해, 사이기 등에는 한기가 최고지배자였음을 의미한다. 고령계 토기의 분포권을 대가야의 권역이라고 간주한다면, 가라국 왕이 최고 정점에 위치하고, 각 소국의 한기는 그 아래에 위치하는 지위였을 것이다.

그렇다면 왕과 한기는 어떤 차이가 있었을까. 가라국의 중심지였던 현 고령에는 지산동고분군이 있다. 지산동고분군은 구릉 능선부에 대형

고령 지산동고분군 전경

고분이 무리를 이루고 있다.

5세기 후반으로 편년되는 32호분에는 금동관, 갑옷과 투구, 고리자루큰 칼과 화살촉 등 많은 양의 유물이 부장되었다. 6세기 전반에 해당되는 44·45호묘에는 주곽 이외에 부곽이 따로 마련되었고, 주곽을 중심으로 그 주위에 수십여 기의 소형 석곽들이 배치되어 있다. 이들 소형 석곽들은 순장자의 무덤이다. 그리고 금제귀고리, 금동제관, 고리자루큰칼, 동제완 등이 출토되었다. 초보적이지만, 금속제 장신구로 장식하는 모습이 나타 난다.

이처럼 금속제 장신구로 신분을 표현하기도 하지만, 앞 시기에 보였던 무장적 성격도 여전히 지니고 있었다. 고령 지산동 32호분에는 투구와 갑옷·고리자루칼 등이 부장되었으며, 30호분에는 마구와 투구 등이 출토되었다. 합천 옥전고분군, 함양 상백리고분군의 대형분의 부장품에 도 갑옷·투구·고리자루큰칼 등이 있다.

이에 비해 신라 중앙의 최고지배층은 5세기 전반 이후부터 갑옷·투구 등과 같은 전사적 성격의 유물이 부장되지 않고, 착장형 위세품인 금은제 장신구가 부장품의 중심을 이루게 된다. 5세기 후반 이후에는 신라영역내 의 지방 수장층의 부장품도 무장적인 것에서 장식적인 것으로의 변화가 나타난다. 이와 같이 신라와 가야의 최고지배층 사이에 보이는 부장품의 차이는 최고지배층의 성격 차이를 반영하는 것으로 볼 수 있다.

다라국의 최고지배층이 묻힌 합천 옥전고분군의 대형 고분은 나즈막한 야산의 평탄화된 구릉 정상부에 열을 지어 위치한다. 5세기 후반으로 편년되는 M1·M2호분은 석곽 내에 격벽을 설치하여 주곽과 부곽을 구분하였다. 갑옷과 투구, 고리자루큰칼, 귀고리 등의 금속제 유물과

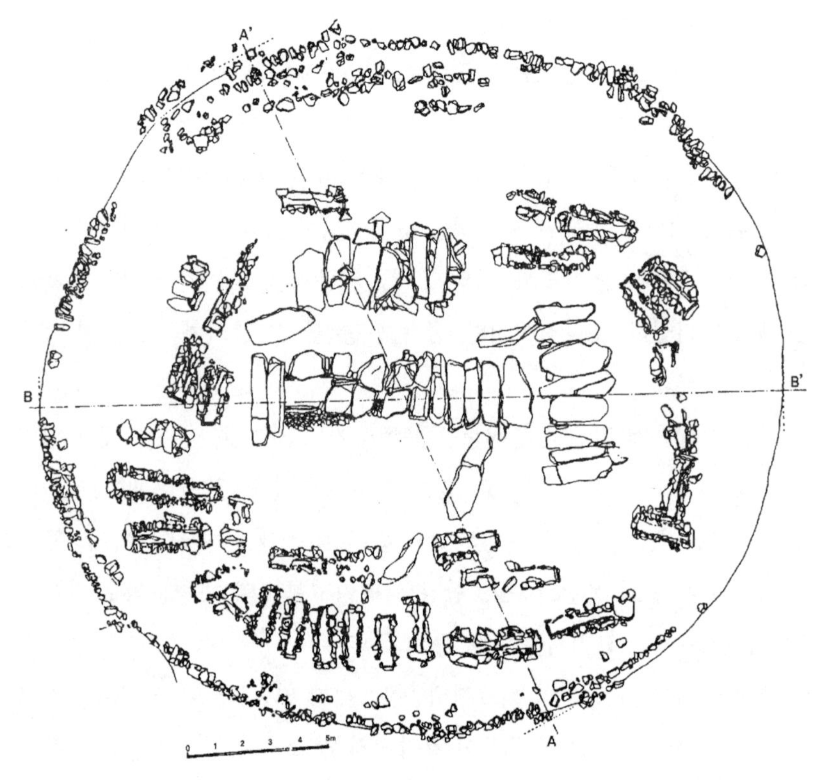

지산동 44호분 유구 배치도

많은 양의 토기가 출토되었다. 5세기 말에서 6세기 전반으로 편년되는 M3·M4호분에는 갑옷과 투구, 금으로 장식된 고리자루큰칼, 귀고리 등의 금속제 유물과 엄청나게 많은 토기가 출토되었다. 무덤의 규모와 석곽의 크기, 부장된 유물의 양 등에서는 지산동고분군의 대형 고분과 비교해도 손색이 없다. 그러나 독립된 부곽과 순장곽이 없으며, 금속제 관이 없다는 차이가 있다. 이 차이는 곧 가라의 최고지배자와 다라의

합천 옥전고분군 전경

최고지배자는 평등한 관계가 아니라 가라 왕이 상위에 있었음을 나타내는 자료이다.

소국 최고지배자의 고분으로 추정되는 함양 백천리고분군의 대형분은 귀고리 등의 금속제 유물과 토기가 부장되어 있다. 부곽과 순장곽이 없고, 화려하게 장식된 고리자루큰칼이 없으며, 관이 부장되지 않았다.

이와 같은 고분의 구조와 부장품의 차이는 곧 대가야의 최고지배자인 왕과 대가야 왕의 지배를 받는 소국의 지배자인 한기의 모습이라고 할 수 있다.

그러나 대가야 왕의 권위가 절대적인 것은 아니었다. 충남대학교 박물관에 소장된 장경호와 뚜껑에 새겨진 '大王'명 문자는 대가야 왕이 휘하에 가야의 여러 왕을 거느린 왕중왕이라는 뜻이 아니라 대가야 권역 내의

합천 옥전 M3호분과 출토 유물

152

여타 한기에 대해 우월한 권력을 가졌음을 나타내는 상징적인 것으로
추정된다. 그것은 말 그대로 어디까지나 상징적인 차원으로서, 실제는
그렇지 않았을 가능성이 높다. 대가야 왕의 지배를 받는 소국의 지배자
중 일부는 주변 여건의 상황에 따라 대가야 왕의 통제로부터 이탈하는
사례도 있었을 것이다.

옥전고분군은 대가야권에 포함되어 있으면서도 가라국의 중심부에
위치하는 고령 지산동고분군의 부장품 구성과 여러 부문에서 다르다.
고령 지산동고분군의 대형 고분에 부장된 철제의 모형 농공구 같은 것은
전혀 부장되지 않았으며, 분구 주위에 제사유물을 파쇄하였거나 또는
지산동 32호분 묘사 유구에서 출토된 것과 같은 통형기대도 출토되지
않았다. 그리고 미늘쇠는 함안지역 출토품과 유사하다. 이는 가라국과
다라국 사이에 철저한 지배·예속관계가 성립되지 않았음을 의미한다.

그리고 6세기 2/4분기의 늦은 시기에 해당되는 M6호분은 출자형금동
관·귀걸이 등의 신라형 위세품과 옹·대호 등 신라계 토기가 출토되었
다. M6호분 다음 시기 고분인 M10호분은 구조가 횡구식석실이다. 횡구식
석실은 낙동강 동안에서 발생한 묘제이며, 다라국은 낙동강 동안의 묘제
를 받아들였던 것이다. 이와 같이 물질자료에 나타난 다라국은 비사벌가
야·대가야·아라가야·신라 등과 관계를 유지하는 등 상황에 따라 정치
성향을 달리하였다. 다라국은 주변 세력의 강약에 따라 매우 유동적으로
대응하는 모습을 보여준 것이다. 이 같은 다라국의 태도는 이후에도
일관된다. 따라서 다라국은 대가야의 한 지방이 아니라 대가야와 연맹을
형성한 소국이면서 주변 환경이 바뀌면 언제든지 대가야 연맹의 틀을
벗어날 수 있는 힘을 갖추고 있었다. 이는 다라국이 대가야 연맹에 소속되

'大王'銘 유개장경호

어 있기는 했지만, 매우 느슨한 상태의 연맹관계를 유지하고 있었음을 보여준다.

대가야는 거점지역의 재지 수장층 세력을 통합하고 견제하기 위하여 자신들의 문화를 이들 집단에게 이식하였다. 모형 철기와 대가야계 토기 등이 그것이다. 이 유물들을 그들 지역의 분묘 부장품으로 채택하게 하여 분묘제사의 내용물을 자신들과 동일하게 하고자 하였다. 그러나 제사형태는 지역마다 다르게 나타난다. 이 시기의 신라는 토기가 아닌 금공품의 분여를 통하여 재지수장층을 통제하였다. 신라와 대가야가 재지수장층을 통제하는 내용에는 차이가 있었음을 알 수 있다. 그리고 신라의 지방지배도, 6세기 전반까지는 재지 수장층을 통한 간접지배였고 재지수장층 아래의 일반 성원에 이르기까지 중앙의 지배를 관철시키게 된 것은 6세기 후반 이후에 가서야 가능하였다. 금공품의 분여 중지와 외위체계로의 편입이 그 계기가 되었을 것이다.

그런데 대가야의 경우, 금공품의 분여와 이를 통한 지방지배도 미숙한 상태였고, 또 신라처럼 외위체계 등 지방에 대한 체계적인 신분편성이나 관등조직을 거의 갖추고 있지 못했다. 따라서 일반 성원에 대한 직접지배는 불가능하였고 재지 수장층을 통한 간접지배 방식을 취하였다. 토기양식이 같다고 해서 일반 성원에 이르기까지 중앙의 직접지배가 관철된 것은 아니었다.

이상과 같은 점을 고려하면 대가야의 지배구조와 왕권의 성격은 다음과 같이 정의할 수 있을 것이다. 영토지배권은 한정된 상대적인 것이고, 중심에서 주변으로 가면서 권위는 약화되었다. 비록 중앙정부는 있지만 중앙의 통제는 한정된 지역에만 미쳤고, 그 주변 지역에는 간접적인 지배가 미치는 많은 주변 행정의 중심이 있었다. 중앙에는 전문화된 행정조직이 있고, 그 주변에서도 축소된 형태가 반복된다. 중앙의 권력 행사는 주변부로 가면 제약을 받았다. 즉 주변부로 가면서 중앙의 권위는 약화되고 주변부 집단은 중심부로부터 이탈하여 다른 정치체에 종속되는 것이 가능해지는 등 유연하게 변동하기 쉬운 국가형태였을 것이다.

맺음말

이상과 같이 가야의 최고지배자는 당시의 최고급품을 소유하면서도 일반 성원들과 잡거하는 거수단계(渠帥段階), 무기와 무구, 철소재 등을 장악하고 전사집단을 거느리면서 주변의 소국을 정복하는 정복자이면서 일반 성원들과는 분리된 한기단계(旱岐段階), 광역에 걸친 권역을 형성하고 여러 소국의 지배자와는 구분되는 왕의 단계로 변화하였을 것이다.

이상의 내용은 어디까지나 가설 수준이며, 가야 최고 지배자들의 모습,

지배체제, 민에 대한 지배방식 등과 관련한 구체적인 사실의 파악은
앞으로 주어진 연구과제라 할 수 있다.

우륵은 가고 가야금만 남아

권 주 현 계명대학교 강사

인간과 문화

문화의 궁극적인 중심은 인간이다. 개별 인간은 그가 살고 있는 시대문화의 소산이며, 그 당시 사회의 모습을 대변한다. 예를 들어 요즘 대중문화의 한 코드로 회자되곤 하는 '서태지'라는 가수는 바로 이 시대의 문화적 여건에서 나올 수 있다. 조선시대에는 물론이고 일제시대에도 그런 가수는 결코 나올 수가 없는 것이다.

그러므로, 특정 인물에 대한 분석은 그 인물이 살았던 시대의 문화를 가늠할 수 있게 할 뿐 아니라 나아가 그 시대의 사회구조와 발전수준까지 파악할 수 있게 한다.

가야시대의 문화와 관련하여 주목되는 인물은 바로 우륵이다. 그는 가야금의 악곡을 만든 작곡자이자 연주가이면서 악사(樂師)인 소위 '문화인물'이며, '나라가 어지러운(國亂)' 상황에서 나름대로의 판단을 하고 신라로의 정치적 망명을 결정함으로써 자신의 운명을 지킨, 다소 비겁해 보이기도 하는 지식인(기능인이 아닌)이다. 망명 이후에는 그의 악곡과 재능을 신라인에게 전수함으로써, 가야문화의 한 자락을 오늘날에 전하게 한 인물이기도 하다. 가야에 우륵이라는 인물이 존재했다는 사실은, 가야의 문화적 기반이 어느 수준까지 도달했는가를 유추하는 데 하나의 단서가 된다.

우륵과 그가 연주한 가야금을 통해 가야사회가 보유한 문화적 기반이 어느 정도였는지를 알아보자. 아울러, 가야의 정치·사회적인 현실이 한 인물의 행동결정에 어떠한 영향을 미쳤는지도 함께 검토해 보고자 한다.

여기서 한 가지 언급해 둘 것은 용어에 관해서다. 흔히 우륵을 음악가 혹은 음악인이라고 하는데, '음악'이라 함은 서양의 Music에 대응되는 말로서 노래, 악기연주, 가극 등에 국한하여 사용하는 말이다. 하지만, 우리 나라에서는 전통적으로 '음악'이라는 말을 잘 사용하지 않았다. 고대사서인『삼국사기』는 물론이고, 조선시대에도 「악학궤범」「악장가사」 등과 같이 '악'이라는 말로 표현하였다. 그리고, '악'의 범주도 노래와 악기연주와 함께 춤까지 포괄하고 있다. 우리가 '국악'이라고 할 때와 '한국음악'이라고 할 때의 뉘앙스가 약간 다르게 다가온다는 것을 연상하면 되겠다.

'악'이라는 말에는 노래, 악기연주, 가극이라는 '음악'의 요소 이외에 춤과 기예적인 것까지 포함되어 있어서 범위가 더 넓다고 할 수 있다. 중국의 역사책에서도 '음악'이라는 말을 쓴 경우도 있지만, '악'이라는 용어를 더 많이 사용하고 있으며, 일본학계에서는 '기악(伎樂)' 혹은 '예능'이라는 말을 써서 '음악'이라는 말과 구분하여 사용하고 있다.

이런 점을 감안해서 여기서는 '악'이라는 용어를 주로 사용하고자
한다. 물론 경우에 따라서는 '음악'이라는 말도 쓰겠지만 그것은 '악'의
하위개념으로 사용할 것이다.

가야인들의 악(樂)

우륵이 타고난 천재 악인이었다고 해도 아무런 음악적 바탕도 없이
훌륭한 악을 만들어 냈을 리는 없다. 우륵이 태어나기 오래 전부터, 가야에
는 다양한 악이 있었는데, 그 악이 어떠한 모습으로 존재했는지를 살펴보
기로 하자.

① 제사와 악

『삼국지』 위지 동이전에는 3세기대의 가야인들이 악을 실행하는 모습
이 묘사되어 있다. 그 기록을 현대문으로 바꾸어 보면 다음과 같은데,
읽으면서 그 모습을 한 번 상상해 보기로 하자.

> 오월에 씨를 뿌리고 나서 귀신에게 제사 지내는데, 모두 모여서
> 밤낮없이 계속 술 마시고 노래하고 춤춘다. 그 춤의 모양은 수십 명이
> 길게 줄지어서 땅을 디디면서 낮게 걸어가며 손뼉을 치면서 절도있게
> 박자를 맞추는 것이 방울춤과 비슷하다. 10월에 농삿일을 다 마치고
> 나서 똑같이 되풀이 한다. (『삼국지』 위지 동이전 한조)

이 기사를 보면 모두 모여서 밤낮없이 술마시고 노래한다고 되어 있는
데, 정말 흥청망청하는 모습이라 아니할 수 없다. 그런데, 좀더 자세히
들여다보면 그렇게 무질서한 것은 아니다. 혹, 이 글을 보면서 아프리카인

들의 토속춤을 떠올렸다면 어느 정도 사실에 가깝게 연상한 것이다. 수십 명이 절도있게 줄을 지어 따라가면서 발을 구르며 손뼉을 치며 박자를 맞추는 모습에서 집단적인 일체감까지 엿볼 수 있다.

그리고 이러한 음주가무 행위는 아무 때나 한 것이 아니라, 음력 5월에 씨를 뿌리고 난 뒤와 추수를 다 마친 음력 10월에 제사를 지낸 뒤에 한 것이라고 되어 있다. 이 사실은 술 마시고 노래하며 춤을 추는 행위가 제사와 관계있는 행위였다는 것을 알게 한다. 또 밤낮없이 계속했다는 것으로 보아 행사가 하루에 끝난 것이 아니라 며칠 동안 행해진 '제전'이 었다는 것을 알 수 있다.

이러한 음주가무를 동반한 제전은 가야뿐 아니라, 같은 시기 마한과 진한, 부여, 동예 등 초기 고대사회에서 보편적으로 행해진 것이었다. 신라토우에 음주가무의 제사하는 모습이 묘사된 것이 있어 참조가 된다.(그림 1)

제사를 지내는 것은 자신이 속한 공동체의 풍요와 다산을 기원하는 데 그 목적이 있다. 자신들이 씨를 뿌린 곡식이 아무 탈 없이 잘 자라기를 바라고, 또 추수를 마친 뒤에는 수확에 대한 감사를 신에게 표현함으로써 계속적으로 풍요를 보장받고 싶어하는 것이다. 밤낮없이 술마시고 노래 하고 춤추는 것 역시 제사의 목적과 무관하지 않았던 것이다.

『삼국유사』 가락국기편에도 춤과 노래로 소원을 비는 모습이 그려지고 있다.

서기 42년 3월 계욕(禊浴)하는 날에 이 곳 북구지에서 이상하게 부르는 듯한 소리가 있어 2백~3백여 명의 사람들이 모였다. (중략) 너희들은 봉우리 꼭대기의 흙을 손에 쥐고 노래하기를 "거북아, 거북아 머리를

그림 1. 토우에 묘사된 음주가무

내놓아라. 내놓지 않으면 구워 먹겠다" 이렇게 하면서 춤을 추면 바로 대왕을 맞아 기뻐 뛰게 될 것이다라고 하였다. 추장들이 그 말대로 백성들과 함께 기뻐 감동하며 노래하며 춤추다가 얼마 지나서 우러러 보니 한 자주색 끈이 하늘에서 내려와 땅에 닿아 있었다. (『삼국유사』 가락국기)

유명한 가야 건국신화의 첫 부분이다. 말 그대로 '신화'이므로 과학적인 사고로는 믿기 어려운 내용이 들어 있다. 그렇다고 할지라도 그 속의 이야기는 당시 사람들이 실제로 행한 모습들을 바탕으로 그려지게 마련이다. 이 기록 속에서 전하는 주요 내용은, 읍락의 대표들이 모여서 액을 떨어버리기 위해 몸을 깨끗이 하는 계욕의 의식을 하는 그 날 구지봉에서 이상한 소리가 났고, 사람들은 새 임금을 맞으려는 간절한 소망을 이루기 위해 함께 노래하며 춤추는 행위를 했던 것이다. 그것도 단순한 가무행위가 아니라 흙을 손에 쥐고 '기뻐하고 감동하면서' 반복적으로 같은 노래를 부르는 모습이다.

이러한 행위에는 자신들의 새로운 지도자를 바라는 마음이 담겨 있었다. 그 결과 자신들의 이상적인 왕을 얻게 되어 새로운 나라가 세워지게 되고 나아가 백성들의 삶이 나아진다는 다음 이야기로 이어지게 된다. 따라서 여기서의 노래와 춤도 그들의 간절한 기원을 들어주는 수단이 되었던 것이다.

그런데, 위의 두 기록에서 묘사하는 장면은 모두 개인이 아닌 집단이 같은 행동으로 악을 실행하고 있다는 점이 공통된다. 함께 땅을 구르며 손뼉을 치며 장단을 맞추는 행위, 혹은 흙을 손에 쥐고 모두 같은 노래를 반복해서 부르며 춤추는 것이다. 이것은 공동체 전체가 하나의 목적을 두고 그것이 이루어지기를 바라는 소망을 구현하기 위한 표현이다. 바로 이 점에서 이 시기 악의 집단적인 속성을 볼 수 있다. 악을 연행하는 사람과 그것을 관람하는 사람이 따로 분리되어 있는 것이 아니라 모두 함께 행하고 즐기는 것이다. 뿐만 아니라, 노래와 춤, 음주, 흙을 쥐는 행위 등이 한꺼번에 행해지므로 종합예술의 형태를 띠고 있다고 하겠으며, 이를 통해 자신들의 목적을 실현하고자 한다는 측면에서 주술성을 띤 종교악이기도 하다.

② 일상생활에서의 악

가야에서는 주술적인 종교악만 행해진 것은 아니다. 일상생활에서도 노래와 춤을 즐겼다는 기록이 있다.

> 풍속에 노래하고 춤추며 술 마시는 것을 좋아한다. (『삼국지』 위지
> 동이전 변진조)

이 기사는 앞서 살펴본 제의에서 행해지는 주술적인 악과는 달리, 노래하고 춤추고 술 마시는 것을 좋아하는 풍속이 있었다고 기록하고 있는데, 음주가무에 능한 우리 민족의 특성을 보여주는 것이기도 한다.

일상생활에서 악을 즐겼다고 하면, 놀이할 때 불린 가요나 일할 때 불린 노동요를 들 수 있을 것인데, 이 둘은 완전히 분리할 수 없는 것이기도 한다. 노동요의 경우 아직까지 그 구체적인 기록을 찾을 수 없지만, 놀이와 관련된 가요는 『삼국사기』 신라본기의 기록을 통해 확인할 수 있다.

> 유리왕 5년…… 이 해에 백성들의 생활이 즐겁고 평강하여 처음으로
> 도솔가를 지었다. 이것이 노래의 시작이다. (『삼국사기』 신라본기
> 유리왕)

이 기록은 신라 초기의 사회모습을 엿보게 한다. 이 시기의 신라는 사로국이라 불리는 진한의 한 소국이었으므로 이 기록은 진한사회에 관한 묘사이기도 하다. 더구나, 가야의 전반기인 ‘변한’과 신라의 초기 사회였던 ‘진한’이 서로 생활과 문화가 비슷하였다고 하므로, 이 기록을 통해서 가야의 모습도 추측할 수 있는 것이다.

여기에 보면 백성들의 생활이 즐겁고 평강하여 노래를 지었다고 하므로, 앞에서 본 것과 같이 특별한 목적을 가진 노래, 이를테면 주술적 기원을 위한 노래와는 차이가 있음을 알 수 있다. 제전 기간에 집단적으로 부

르는 것이 아니라 일상의 편안한 생활을 즐기면서 불렀던 노래인 것이다. 백성들의 생활이 즐겁고 평강하다는 것은 생산과 분배가 만족스럽게 이루어졌다는 표현이자, 앞서 살펴본 주술적 기원의 결과적 행위이며 노동의 대가라고도 하겠다.

다음 기사는 노동과 악의 관계를 잘 묘사하고 있다.

> 왕이 6부를 미리 둘로 나누어 정하고 왕녀 두 사람으로 하여금 각각 부내의 여자들을 이끌고 조를 짜서 가을 7월 보름부터 매일 아침 일찍부터 밤중까지 육부의 뜰에 모여 길쌈을 했는데, 8월 15일까지 하였다. 마치고 나서 길쌈을 어느 쪽이 많이 했는지 그 공력을 심사해서 진 쪽이 술과 음식을 차리고 이긴 편에게 사례하였다. 이 때 노래하고 춤추며 온갖 오락이 벌어지니 이를 가배라 하였다. 노래할 때 진 쪽의 여자가 일어나 춤추며 탄식하기를 '회소회소' 하였다. 그 소리가 구슬프고 우아하여 후세 사람들이 그 소리에 노래이름을 지어 '회소곡'이라 했다. (『삼국사기』 신라본기 유리왕)

이 기록은 길쌈을 하고 난 뒤 노래하고 춤추며 오락을 펼치는 내용으로, 노동과 놀이가 전형적으로 어우러진 모습을 보여준다. 여기서 행해지는 길쌈은 고대사회에서 상당히 중요한 경제기반이었다. 고대사회에는 베[布]가 교환가치를 지닌 것으로 경제생활에 기본적으로 필요한 세금품목 중의 하나였다. 진한에서 7월 보름부터 8월 보름까지 한 달 동안의 길쌈대회를 가진 것은 바로 국읍의 경비를 충당하기 위해서였다. 그렇기 때문에 왕이 나서서 이 행사를 주도할 만큼 중요한 행사였던 것이다. 고대율령국가로 발전한 고구려·백제의 경우 필요한 베를 강제성을 띤 세금으로 거두어들였다는 기록이 있지만, 진·변한에서는 대회 형식으로 베를 비축하는 형태, 즉 자발적 놀이 차원으로 승화시키고 있는 것이다. 진·변한 사회와 고대율령국가와의 차이를 엿보게 하는 대목이다.

공동체의 구성원이 함께 참여한 놀이를 통해서 유대감을 확고하게 함과 동시에 계속되는 생산노동을 증진시킬 수 있는 효과를 가져올 수 있었을 것이다. 이러한 중요한 행사를 마치고 난 다음, 함께 모여서 온갖 오락이 벌어지는 가운데 춤추고 노래하고 있는 것이다. 따라서, 여기서 행해지는 악은 단순히 놀이 그 자체가 목적이기도 하거니와 노동의 성과에 대한 기쁨을 음악으로 표현한 것이라 하겠다. 놀이에서 행해졌던 악곡은 다시 노동을 할 때 일의 수고로움을 덜기 위한 노동요(勞動謠)로도 사용되었다고 볼 수 있으니 결과적으로 악을 통해 노동의 재생산 효과를 가져오게 되는 것이다.

③ 악기

악기에 관해서는 다음의 기록이 있다.

> 슬(瑟)이라는 악기가 있는데 그 모양이 축(筑)과 비슷하다. 뜯어서 연주하고 음악의 곡조도 있다. (『삼국지』 권30, 위서30 동이전 변진조)

위의 기록은 변진 즉 3세기 이전의 가야사회에 슬이라는 현악기가 있었다는 사실을 전하고 있다. 선사시대부터 가장 일찍 사용된 악기는 타악기와 관악기다. 타악기는 리듬만을 표현할 수 있고, 관악기는 멜로디를 표현하나 한정된 범위 내에서만 가락의 표현이 가능할 따름이다. 하지만 현악기의 경우, 보다 다양한 멜로디를 표현할 수 있는 악기로서

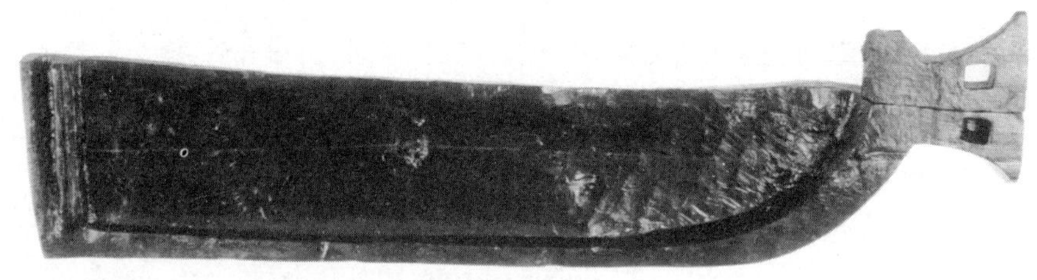

그림 2. 신창동출토 십현금의 부분

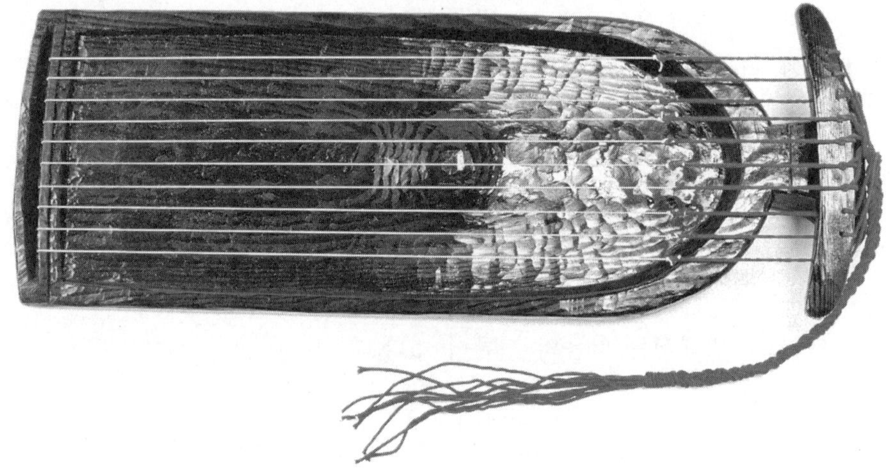

그림 3. 십현금 복원모형

관악기보다 폭넓은 음역을 연주할 수 있다. 따라서 현악기를 사용했다는 것은 이 시기 가야의 음악이, 원시적인 장단과 리듬에 의존해서 단순한 랩을 구사하는 차원이 아니라, 보다 발전된 차원 즉 다양한 선율의 노래가 있었고 그것을 현악기로 표현했다는 것을 의미한다.

위의 기록에서 소개하고 있는 슬이라는 현악기는 중국의 축과 비슷하

그림 4. 현악기를 연주하는 토우

그림 5. 미추왕릉지구출토 장경호의 현악기연주토우

다고 했는데, 축이라는 악기도 형태가 여러 가지여서 위의 기록만 갖고는
어떠한 형태의 축과 비교를 한 것인지 추정해 낼 수 없다. 다만, 이와
비슷한 시기의 현악기였던 광주 신창동 유적에서 출토된 십현금(十絃琴)
(그림2,3)이나 경산 임당동에서 출토된 자료에서 볼 수 있는 악기의 흔적이
『삼국지』에 묘사된 현악기 형태와 비슷하지 않을까 생각된다. 이와 유사
한 형태의 악기는 앞서 살펴본 그림 1의 신라토우 외에도 많은 토기자료에
서 나타난다.(그림 4, 5)

슬이라는 현악기 외에 타악기와 관악기도 물론 있었을 것으로 추정된
다. 문헌자료는 남아 있지 않으나 타악기의 경우, 창원 내동과 웅천패총에
서 출토된 뼈가 주목된다. 이 뼈는 중간부분에 여러 줄의 골이 패여
있어 조골(彫骨)이라고 불리기도 하는데, 주술적인 도구이자 악기였다고
추정되고 있다.(그림 6, 7)

그 외에도 소라나 뿔을 이용한 나팔, 동물뼈를 이용한 피리, 토기로
구운 관악기 등이 존재했을 것이나 가야의 것으로는 현존하는 자료가
없어서 추정만 할 수 있을 뿐이다.

한편, 악기 그 자체가 주술적인 힘을 갖고 있는 것으로 믿어지기도
했다. '낙랑공주와 호동왕자' 이야기로 잘 알려진 낙랑국의 자명고와
나팔은 이러한 악기의 주술성을 잘 표현하고 있다. 악기인 북과 나팔이
적병의 침입을 알려주어서 나라의 안정을 지켜준다는 것이다. 단순한
악기가 특별한 능력을 가진 것처럼 인식되어 신성시되고 숭배되는 것은
악기가 주술적인 도구로서 사용된 것과 관계 있다. 사악한 것을 물리치고
선한 것을 지켜준다는, 좀 어려운 용어로는 벽사(辟邪), 호위(護衛)라고
하는데 이러한 능력이 악기 속에 내재해 있다고 믿었던 것이다.

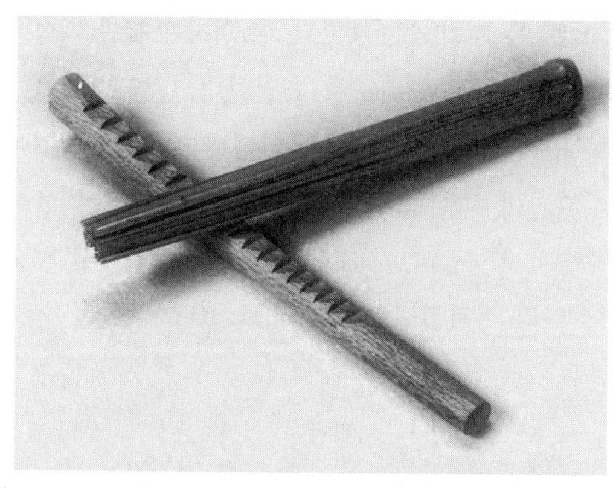

그림 6. 조골 모양 악기.
일본 국립민속박물관 재현

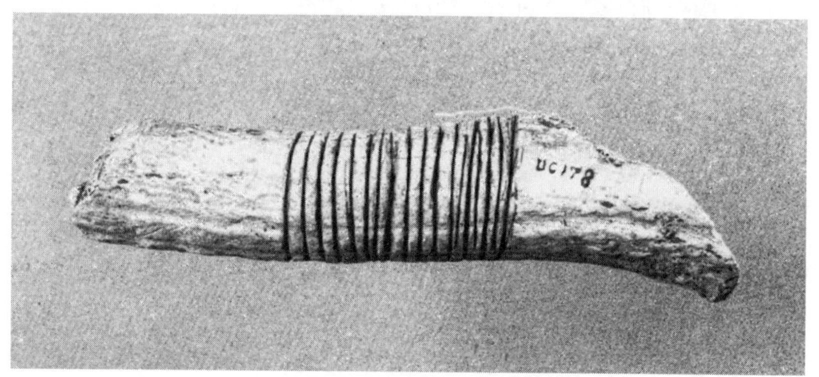

그림 7. 조골(각골) 웅천패총 출토

　앞서 보았듯이 신라토우에도 관악기와 타악기의 연주, 춤, 노래 등이 표현된 것이 있는데, 무덤에 부장한 토우는 내세에 대한 기원을 표현한 것이므로 토우에 표현된 악기 역시 주술성을 담고 있는 것이라 하겠다. 훨씬 뒷시기인 신라중대(통일신라시대)의 '만파식적(萬波息笛)'이라고 불린 피리 역시 같은 의미를 가지고 있다. 만파식적은 '모든 파도를 잠재우는 피리'라는 뜻으로, 이 피리를 불면 적병이 물러가고 병이 치료되고 비와 바람과 파도를 조절한다고 했으니, 이 역시 악기의 주술적인 능력을 믿었다는 사실을 나타내고 있었던 것이다.

요컨대, 악기는 음악을 아름답고 풍부하게 표현하는 도구였음은 물론, 주술적 기능을 가진 것으로 믿어졌으며, 이것은 가야뿐 아니라 고대사회에 널리 퍼져 있던 믿음이기도 했다.

④ 악곡을 만든 사람들

우륵과 그 제자였던 니문은 가야금을 이용하여 악을 작곡하고 연주했는데, 이는 6세기 이후의 일이다. 그럼 그 이전에는 악의 전문인들이 작곡과 연주 활동을 하지 않았을까. 아쉽게도 우륵 이전의 가야 악인들에 관한 기사는 아직 없다. 그렇다고 우륵이 등장할 때까지 가야에 집단적인 주술악과 일상적인 민속악만이 존재했다고는 볼 수 없다. 같은 시기 다른 나라의 사정을 어떠했을까.

처음 진나라 사람이 칠현금을 고구려에 보냈는데 고구려인은 그것이 악기라는 것을 알았으나 그 소리와 타는 방법을 몰라서 나라 사람들이 그것을 잘 아는 사람을 구하면 후한 상을 주겠다고 하였다. 그 때 두 번째 재상인 왕산악이 그 본래 모습을 두고 그 법제는 좀 고쳐서 백여 곡을 만들고 연주했다. (『삼국사기』 악지)

익히 알려진 고구려의 왕산악과 거문고에 관한 기사이다. 왕산악은 중국 진나라에서 보내온 악기를 약간 고쳐서, 그것을 연주하고 많은 곡을 작곡했다. 여기서 악기의 법제를 좀 고쳤다는 것은 아마 고구려의 음악에 맞도록 악기에 수정을 가했다는 뜻으로 생각된다. 그런데, 왕산악은 악을 전문으로 하는 사람이 아니라 재상이었다. '재상'이라는 것이 구체적으로 어떤 관직을 가리키는지는 나와 있지 않지만, 상위신분의 지배계층이라는 것은 틀림없다. 왕산악이 거문고를 고쳐서 창작악곡을 만들고 연주할 수 있었던 것은 이미 그 이전에 악을 알고 현악기를 연주할 수 있는 소양이 있었다는 사실과 함께 개인이 악을 창작하고 연주하는 문화가 조성되어 있었다는 사실을 알 수 있게 한다.

또한 고구려에는 악을 직업적으로 담당하는 계층도 있었는데, 이들은 귀족들을 위해 악을 연행(演行)하는 사람들이었고, 이들에 의한 악문화 활동은 수많은 고분벽화를 통해서도 잘 알 수 있다. 고구려가 정치적·군사적인 면에서뿐 아니라 문화면에서도 선진국이었다는 사실을 보여주는 것이다.

그렇다면, 가야사회와 상당 기간 동안 비슷한 발전과정을 걷고 있었던 신라의 경우는 어떨까.

> 물계자는……이에 머리를 풀고 거문고를 메고 사체산(어딘지 알 수 없다)으로 들어가 대나무의 기질을 애달파하여 빗대어 노래를 짓고, 계곡물 소리에 비겨서 거문고를 뜯고 곡을 만들고 숨어 살면서 다시는 세상에 나오지 아니하였다. (『삼국사기』 열전 물계자, 『삼국유사』 피은 물계자)

물계자라는 사람은 신라 내해왕 대에 소위 '포상팔국전쟁'에서 활약한 사람이다. 그는 두 차례에 걸친 전쟁에서 많은 공을 세웠음에도 태자에게 공을 빼앗겼고, 그것을 원망하지 않고 속세를 떠나 산으로 갔다. 홀로

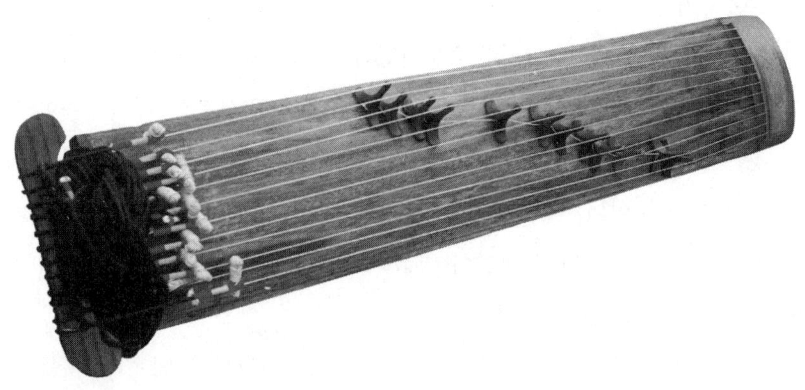

그림 8. 정악가야금

세상을 등졌던 그와 함께한 것은 바로 자신이 늘 연주했던 거문고였다. 이 거문고가 고구려 왕산악의 거문고를 말하는지, 아니면 신라고유의 현악기를 지칭한 것인지는 분명치 않다. 주목할 것은 그 역시 상위신분층이었다는 점이다.

즉, 그가 악기를 연주하고 노래를 만든 시기에 신라에는 악문화에 종사하는 전문계층이 아직 없었다. 물계자와 같이 생활에 여유가 있고, 악기와 악곡의 이해를 할 수 있는 지식을 갖춘 지배층 가운데 악을 즐겨 연주하는 사람이 있었던 것이고, 이들에 의해 많은 곡들이 만들어졌던 것이다.

가야 역시 마찬가지였을 것이다. 악곡을 연주하고 작곡한 사람들의 이름은 기록에 남아 있지 않지만, 악을 즐겨 연주하고 창작할 수 있는 수준의 인물들이 있었을 것이며, 그들에 의해 가야의 악이 꾸준히 성장하고 있었을 것이다. 바로 이러한 악문화의 바탕 아래 우륵이라는 악인이 성장했던 것이다.

가야금을 만들다

삼국시대 악에 대해서 비교적 상세하게 전하고 있는 『삼국사기』악지에는 가야금에 대해서 다음과 같이 전하고 있다.

> 가야금은 중국악부의 쟁을 본떠서 만들었다.…… 가야금은 비록 쟁과 그 제도가 조금 다르나 대개는 비슷한데, 가야국의 가실왕이 당의 악기를 보고 그것을 만들었다.

가야금은 가실왕에 의해 중국의 쟁을 본떠서 만들어진 것이었다. 가야금 하면 바로 우륵이 연상되나, 이 기록에 의하는 한 가야금을 만든 사람은 가실왕이다. 물론, 왕이 직접 만들지 않고 아랫사람을 시켜서 만들게 했더라도 보통은 왕의 업적으로 기록되기 때문에 실제로 가야금을 만든 사람은 우륵일 수도 있다. 하지만, 나중에 설명하게 되겠지만 가실왕이 가야금을 만드는 데 직접 개입했을 가능성도 전혀 배제할 수는 없다.

가야금의 모델이 된 쟁이라는 악기는 어떻게 생긴 악기인지 일반인들에게 잘 알려져 있지 않다. 하지만, 오늘날 전통악기 가운데 가장 대표적인 현악기의 하나가 된 가야금이 어떻게 생겼는지는 너무나 잘 알려져 있는데, 현존하는 가야금 중에서도 '정악가야금'(그림 8)이 옛모습을 비교적 잘 간직하고 있다.

조선시대의 악 관련 책인 『악학궤범(樂學軌範)』에도 가야금 형태에 대한 그림과 해설이 나오는데(그림 9의 오른쪽) 가야금의 옛모습을 추정하는

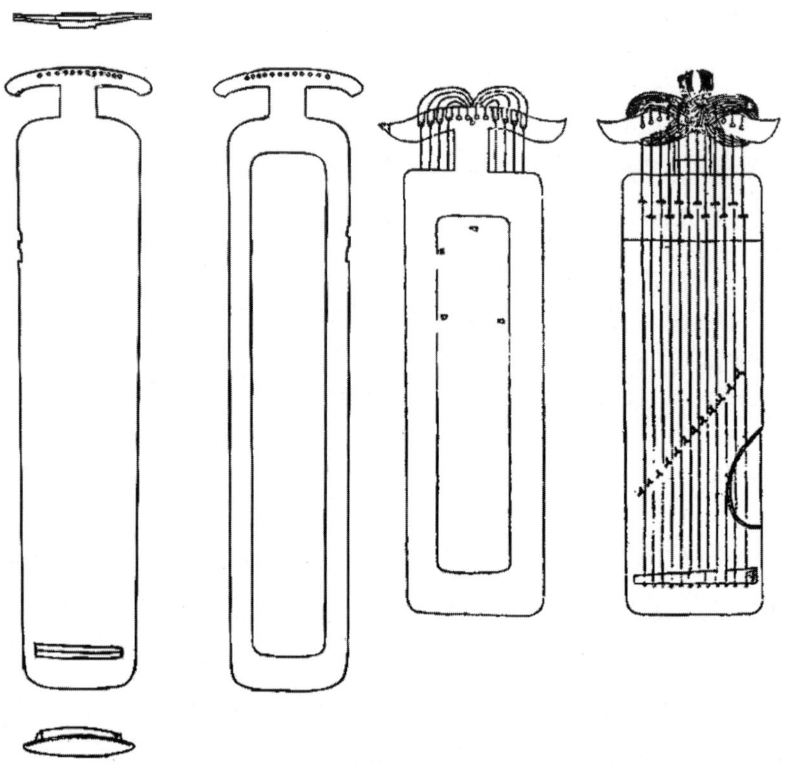

그림 9. 쇼쇼인의 신라금(왼쪽)과 악학궤범의 가야금(오른쪽)의 도면

데 참조가 된다.

그런데, 가야시대 가야금과 더 가까운 형태는 일본 쇼쇼인에 소장되어 있는 '신라금(新羅琴)'(그림 9의 왼쪽)이다. 우륵이 신라에 가져간 악기가 나중에 일본으로 넘어갔기 때문에 신라금이라는 이름이 붙었을 것이다. 그림의 신라금은 길이 158cm, 폭 30cm이고, 『악학궤범』의 가야금은 길이 5척 5분, 너비 1척으로, 미터법으로 환산하면 길이 약 165cm, 폭 30cm 이다.

174

그림 10. 일본 쇼쇼인에 소장되어 있는 신라금의 실물 사진

몇 센티미터 정도는 차이가 나지만 척수의 오차를 감안한다면, 크기는 거의 비슷하다고 볼 수 있다.

즉, 대가야에서 만들어진 가야금이 크기는 그다지 변형되지 않고 조선 시대까지 전해졌던 것이다. 앞서 언급한 십현금이 길이 77.2cm, 너비 28.2cm로 길이가 짧고 줄이 10개로 추정되는 간략한 것임에 비해, 가야금은 이전의 고유 현악기보다 거의 두 배 정도 되었다고 할 수 있다.

주목되는 것은 악기의 단면이다. 앞서 고유의 현악기는 울림통이 위로 향하고 있어 고유 현악기의 연주 모습은 무릎에 수평으로 얹은 자세를 보이고 있다고 지적하였다. 울림통이 위로 파여 있어서 소리가 위로 바로 공명될 수 있으므로, 연주자의 몸에 붙인 자세로 연주해도 소리의 공명에 크게 지장이 없기 때문이다.

반면, 중국의 쟁(箏)을 모방한 가야금의 울림통은 하향(∩모양)한 형태다.(그림 11) 따라서 무릎 위에 반듯하게 올려 놓으면 소리가 사람에 의해 흡수되어 버려 공명에 지장이 되므로, 악기의 한 쪽을 땅에 대고 다른

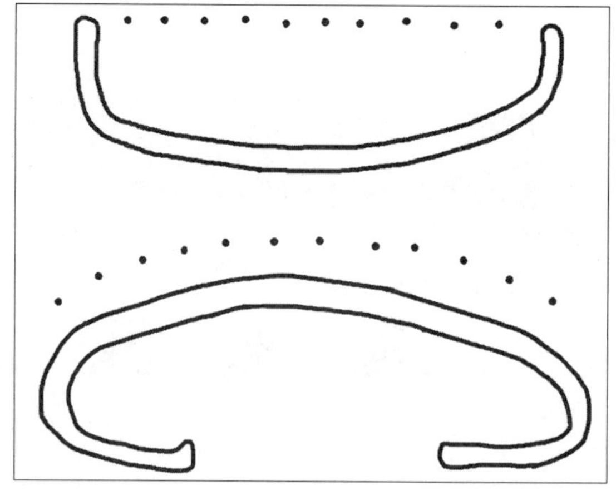

그림 11. 고유현악기(위)와 가야금(아래)의 악기단면도

한 쪽은 무릎에 얹어 비스듬하게 연주하게 되는 것이다. 중국의 악기를 받아들여 수정해서 연주한 거문고의 연주자세도 이와 같았다. 이처럼 악기의 울림통의 방향과 연주형태의 차이는, 고유현악기와 외래현악기의 주요한 차이점이라고도 할 수 있으며 가야금의 바로 외래현악기의 특성을 그대로 보여주는 현악기였던 것이다.

고유의 현악기가 가진 한계를 극복하고 중국의 것을 모방하여 만들어진 가야금은 복잡한 구조와 형태를 가진 악기에 속한다. 우륵이 6세기 후반까지 신라에서 활동하였으므로 가야금은 늦어도 6세기 초반경에는 제작되었을 것이다. 이러한 악기를 제작하기 위해서는 상당한 수준의 문화적인 바탕을 필요로 한다.

가야금에 깃든 우주

부현이 이르기를 위가 둥근 것은 하늘을 상징하고, 아래가 편평한 것은 땅을 상징한다. 가운데가 비어 있는 것은 천지사방을 비유한 것이며, 줄과 괘는 열두 달을 모방한 것이다. 이것이야말로 어질고

지혜로운 악기다. 완우가 말하기를 쟁의 길이는 6척인데 율(律)의 숫자에 맞춘 것이고, 줄이 12인 것은 사계절을 본뜬 것이고, 괘의 높이가 3촌(寸)인 것은 3재(三才 : 하늘, 땅, 사람)를 상징하는 것이다.

위의 기록은 『삼국사기』 악지에 가야금의 모델이 되었다고 하는 중국의 쟁에 관한 부연설명이다. 쟁이 단순한 악기가 아니라 다양한 관념체계를 포함하여 만든 구조였다는 것을 말해 주는 대목이다. 그리고 그것은 쟁에 표현된 관념체계이면서 그것을 모방하여 가야금을 만들었던 사람들의 관념이기도 했던 것이다. 그렇다면 이것은 도대체 어떠한 관념이었을까.

첫 번째, 우주에 대한 관념체계다. 하늘은 둥글고 땅은 편평하며, 천지 사방은 비어 있는 것이 우주라고 생각하였다. 이는 전통적인 우주관 가운데서도 '개천설'에 속하는 것이다. 수억 광년 크기의 무한히 넓은 우주 속에 지구는 태양계의 조그만 별에 불과하다는 것을 알고 있는 현대인의 우주관과는 그야말로 하늘과 땅만큼이나 차이가 나는 관념이다.

두 번째는 열두 줄로 표현된 시간관이다. 1년은 열두 달이고 사계절로 구성되어 있다고 본 것이다. 1년 열두 달이라고 하는 것은 너무나 당연한 사실로 생각하겠지만, 실제로 달은 1년에 열두 번 이상 돌아간다. 그래서 가끔씩 윤달이 있어서 1년의 달수를 조정하는 것이다. 따라서 1년을 열두 달로 정한 것은 오랜 기간 달에 대한 관찰을 거친 결과일 것이니 태음력과 관련된 사고라 하겠다. 한편, 1년 사계절이라 한 것은 달의 변화가 아닌 태양에 따른 변화 즉 태양력에 기준을 둔 개념이다. 양력과 음력의 시간관이 가야금의 열두 줄로 표현된 셈인 것이다.

세 번째는 괘의 길이 3촌이 상징한 3재에 대한 개념이다. 3재는 하늘과 땅, 사람을 가리키는데 이것은 고대인이 생각하고 있었던 우주와 인간과의 관계를 보여준다. 3재를 하늘과 땅 그리고 다른 무엇이 아닌 사람이라고 보았던 것은, 천하에 가장 소중한 것은 하늘과 땅, 그리고 사람이라고 본 인간중심의 사고방식이다.

네 번째는 6율을 상징하는 6척이라는 길이다. 나중에 다시 설명하겠지만, 전통악에서 표현하는 소리 가운데 '양'에 해당되는 것이 '율'이다. '율' 외에 음에 해당되는 '여'도 있는데, 역시 6음으로 이루어져 있다. 따라서 6이라는 숫자를 내세운 것은 음악을 표현하는 상징적인 숫자였기 때문으로 보인다.

가실왕이 중국의 쟁을 모방하여 가야금을 만들었을 때는 단순히 그 악기 형태 자체만 모방한 것이 아니다. 적어도 악기 속에 반영된 우주관과 시간과 인간 및 악에 대한 이해를 함께 받아들였던 것이다. 즉, 쟁에 포함된 관념체계는 그대로 가야금에도 반영되었고, 이는 가야인들 역시 같은 우주관과 시간관을 가지고 있었다는 사실을 반영한다고 하겠다.

가야금을 만든 기술

가야금을 만드는 데는 여러 가지 정교한 기술을 필요로 한다. 가야금을 만드는 방법은 『악학궤범』에 잘 나와 있다.

가야금 만드는 법을 보면 오동나무로 만드는데, 장식목과 옻칠한 끝부분은 거문고와 같다. 대개 장식들은 아교를 쓰지 않고 붙인다. 양이두는 끝부분에 끼우고 과지는 줄 끝에 매단다.

언뜻 보면 간단한 것 같지만 그렇지 않다. 상당한 기술적 진보가 있어야

가능한 작업들이다. 어떤 기술들인지 자세히 살펴보자.

첫 번째, 목재가공기술이다. 나무를 다듬고 마름질하여 속을 파내어서 울림통을 만들고, 따로 장식목들을 만들어서 접착제를 사용하지 않고 서로 잇대어 정교하게 붙이고 옻칠하여 가공하는 기술을 말한다. 나무를 정교하게 다듬기 위해서는 다양한 철제공구가 필요하다. 따라서, 가야금과 같이 섬세한 악기를 다듬을 수 있는 목재가공기술은 가야의 철제기술 발전과 궤를 같이하는 것이라 하겠다. 다듬어진 면을 정돈하여 옻칠하여 보존하는 기술은 이미 기원전 1세기부터 있었던 것이기도 하다.

두 번째는 현의 원료가 되는 실을 만드는 기술, 즉 제사기술(製絲技術)이다. 가야금의 12가지 음의 높낮이를 섬세하게 표현해 내는 현을 만드는 것은 섬유제작기술의 발전과도 관계가 있다. 현의 원재료가 되는 명주섬유를 짜는 기술은 3세기 이전부터 있었다. 그리고, 가야유적에서 출토되는 섬유의 흔적들은 가야의 섬유제작기술과 제사기술의 발전을 뒷받침하는 물증 자료라고 할 수 있을 것이다. 바로 이러한 기술적 토대 위에 현악기의 섬세한 현을 만들어낼 수 있었던 것이다.

세 번째는 도량형의 발달이다. 정밀한 도량형은 악곡과 악기의 제작에 필수적인 요소다. 소리의 높낮이나 강약을 표현하기 위해서는 사물의 정확한 측정이 필요하기 때문이다. 가야에는 이미 정밀한 수치에 대한 감각이 있었다는 사실을 고령 지산리 32호분 출토 금동관을 통해서 알 수 있다. 금동관의 선분비 표현은 '황금분할'이라고 불릴 만큼 인간의 심미안을 만족시키는 이상적인 선분할이다. 이처럼 정확한 선분비를 할 수 있었던 사실에서 대가야의 정밀한 도량형의 발달을 볼 수 있거니와, (그림 12) 가야금의 제조 역시 이러한 도량형을 이용하지 않고는 불가능했을

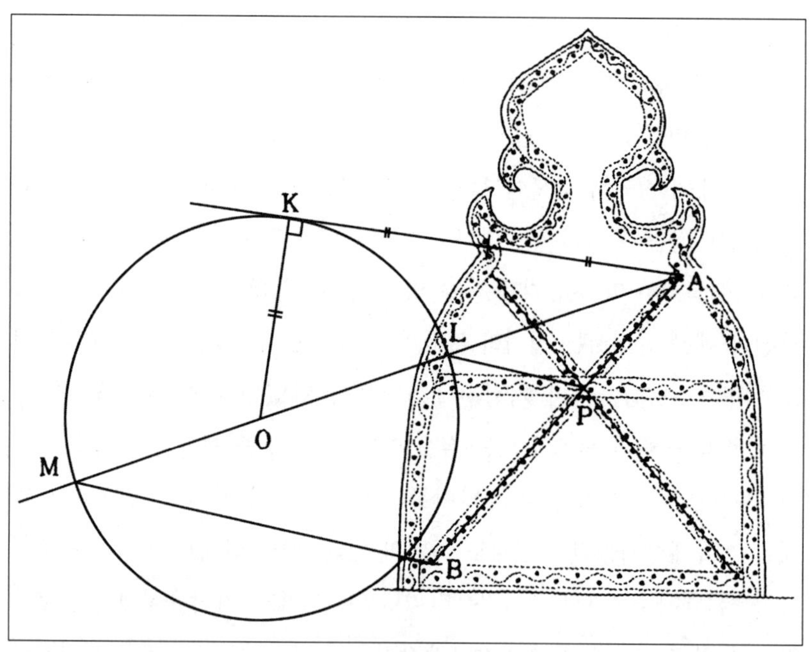

그림 12. 금동관의 선분비 x자형으로 교차되는 부분에서의 장선대 단선의 선분비가 소위 '황금분할'의 비와 꼭같음을 작도법으로 증명한 그림(계명대학교박물관, 1981, 『고령지산동고분군』, p.27.)

것이다.

앞서 언급했듯이 가야보다 훨씬 선진적인 악문화를 이루고 있던 고구려에서도, 중국으로부터 거문고를 들여와 그것을 연구하고 악곡을 만들어 연주하는 선에서 그쳤다. 하지만, 가야의 가야금은 비록 중국의 쟁을 모방했지만 독자적으로 만든 악기였다는 점에서 가야의 발달된 기술문화와 가야인들의 음악에 관한 높은 관심을 알 수 있게 하는 것이다.

가실왕과 우륵

180

앞에서 언급했지만 가야금을 만든 사람은 가실왕이라고 기록되어 있다. 가실왕은 과연 어느 왕을 가리키며 악을 어느 정도나 이해하는 왕이었을까.

가실왕에 대해서는, 금관가야의 겸지왕이나 취희왕(질가왕)으로 보는 설과 『남제서』에 나오는 가라국 하지왕과 동일인으로 보는 설이 있다. 우륵이 대가야 사람이라는 사실은 의심할 여지가 없으므로 가실왕이 금관가야의 왕이라는 주장은 설득력이 없다. 그렇다면 479년에 남제에 사신을 보낸 하지왕으로 보는 설은 어떨까. 가야금이 중국악기의 영향을 받아 만들어졌으므로, 479년 대가야가 남제와 통교한 사실이 가야금 제작과 큰 관계가 있다는 것은 부정할 수 없다. 그런데, 가야금을 만든 시기가 대략 6세기 초반으로 추정되고 있고 우륵이 6세기 후반까지 활동했다는 사실을 감안한다면, 479년의 하지왕이 가실왕일 가능성은 희박하다.

가실왕이 하지왕 다음의 왕, 즉 하지왕의 아들이었을 가능성도 있는데, 신라와 혼인동맹을 맺은 이뇌왕과 동일인물일 수도 있다. 5세기 후반 하지왕대에 가실왕은 태자의 신분으로 부왕의 활발한 대외적 활동과 함께 선진 외래문물의 수용을 지켜보았을 것이다. 그러한 경험을 바탕으로 악과 악기에 대한 이해와 그에 필요한 학문적 소양을 쌓지 않았을까. 나아가, 가실왕이 악기에 대한 안목을 가지고 있었다면, 가야금의 제작에도 직접 참여했을 가능성도 배제할 수 없다. 가야금과 악곡을 제작할 수 있는 문화적 기반을 조성한 것은 가실왕의 개인적인 관심과 정치적 능력에 의한 것이라고 생각되기 때문이다. 다음의 기사에서 가실왕의 악에 대한 인식을 더 분명하게 볼 수 있다.

왕이 이르기를 제국의 방언이 각각 그 소리 내는 것이 다르니 하나로
할 수 없겠는가 하고 악사인 성열현인 우륵으로 하여금 12곡을 짓게
했다. 우륵이 만든 12곡은 첫째는 하가라도(下加羅都) 둘째는 상가라도
(上加羅都) 세 번째는 보기(寶伎)요 네 번째는 달이(達已)요 다섯 번째는
사물(思勿)이요 여섯 번째는 물혜(勿慧)요 일곱 번째는 하기물(下奇勿)
이요 여덟 번째는 사자기(師子伎)요 아홉 번째는 거열(居烈)이요 열
번째는 사팔혜(沙八兮)요 열한 번째는 이사(爾赦)요 열두 번째는 상기물
(上奇物)이다. 니문(泥文)이 만든 3곡은 첫 번째는 까마귀요 두 번째는
쥐요 세 번째는 메추라기다. (『삼국사기』 악지)

위의 기록에서 볼 수 있듯이 가실왕은 가야제국(諸國)의 악들을 모아
지역의 방언을 극복하고 일원화시키고자 우륵으로 하여금 12곡을 짓게
하였다. 12곡 중 10곡이 가야소국의 지명이라는 점도 주목할 일이다.
국가의례에서 각 지역과 관련된 악을 연주하는 것은 바로 그 지역에
대한 관념적인 지배의식의 표현이라 하겠는데, 이것은 악의 정치적 기능
과 관련이 있다. 가실왕이 가야제국의 이름을 소재로 삼아 악을 만들어
연주하게 한 것은 가야지역 전체에 대한 패권의식이 자리잡고 있었기
때문이다. 즉, 악을 통해서 대가야의 정치적 우위권을 표현하려고 했던
가실왕은 예악(禮樂)의 기능까지 이해하는 왕이었던 것이다.
그렇다면 가실왕의 명령에 충실히 부응하여 12곡을 만들었던 우륵은
어떤 인물인지, 12곡의 내용과 함께 살펴보자.
먼저, 악곡을 만들기 위해서는 소리의 장단(리듬)과 고저(가락) 및
경중지법(강약)에 대한 악의 기본적인 이해는 물론, 이를 표기하기 위해
도량형에 의거한 정확한 측정을 할 수 있어야 한다. 보이지 않는 소리를
기호화하기 위해서는, 이를 추상화하여 분류하고 실체화시키는 작업이

필요하며, 그것은 실재하는 사물에 대한 이해를 바탕으로 할 때 가능하다.

또한 악곡에는 반드시 가사가 따르게 마련인데, 가사를 만드는 것 역시 쉬운 일이 아니었다. 중국의 경우를 참조하면 악곡의 가사는 음양오행설에 입각하여 제작되었다. 즉, 주역(周易)에 관한 이해를 바탕으로 하여 이를 운율에 맞게 시(詩)로 만들어 가사로 삼았던 것이다. 가야의 언어와 중국어가 달랐으므로 우륵 12곡이 음양오행설에 근거하여 가사를 표현하였는지는 알 수 없으나, 작사의 기본적인 내용은 이해하고 있었다고 봐야 할 것이다.

가사뿐 아니라 곡조 즉 멜로디의 표현도 음양과 관계가 있다. 앞서 설명한 '율'과 '여'가 바로 그것이다. 앞서 가야금의 길이와 관련하여 설명했던 '율'과 '여'는 오늘날로 말하면 음계와 같다. 그런데 '율'은 양의 소리를, '여'는 음의 소리를 나타내므로 음양에 대한 이해가 없고서는 곡조를 만들 수가 없는 것이다.

그리고, 국가의례에 사용된 가사의 내용은 역대왕과 그 치세에 대한 찬양이 대부분이었다. 더욱이 우륵 12곡은 가야 각국의 방언으로 된 것을 일원화시킨 것이므로, 각 지역의 음악을 이해하고 이를 기본으로 삼아 편곡하여 대가야 국왕의 치적을 찬양하는 형태로 만들어졌을 것이다. 이는 노래가사를 짓는 데 국가의례의 절차 및 규범과 왕실역사에 대한 이해가 있어야 가능하다는 것을 말한다. 우륵 역시 이러한 지식들을 갖추고 있었을 것이다.

한편, 우륵 12곡에는 불교적인 색채도 보인다. 12곡 중 여덟 번째의 악곡인 사자기는 불교사원에서의 장례나 법회에 쓰이던 사자춤을 가리킨다. 가야에 이미 불교가 들어와 있었다는 사실은 여러 가지 자료들을

그림 13. 고구려 고분벽화에 나타난 기예

통해서 알 수 있다. 우륵 역시 불교를 접했을 것이고, 불교의식과 관련된 악에 대한 이해를 하고 있었다고 보는 것이다.

또한 우륵 12곡에는 외래적인 요소도 포함되어 있다. 어떠한 형태의 놀이인지는 고구려 고분벽화를 참조해 볼 수 있다.(그림 13) 세 번째 악곡인 보기의 경우, 백제의 '농주지희(弄珠之戱)'나 신라의 '금환' 놀이처럼 공을 가지고 노는 기예놀이로서 서역에서 전해진 것이다. 대가야의 경우, 백제나 중국 남제를 통해서 이러한 놀이를 받아들였을 것이다. 위에서 언급한 사자기 역시 당시 중국을 비롯한 여러 나라에서 연희되던 '기악'의 하나로서 중국의 서남쪽 천축사자국에서 유래한 악곡이다. 우륵 12곡에서 보이는 이러한 외래적 요소들은 가야 문화의 개방성을 잘 보여주며, 우륵의 외래문화 수용능력을 보여주는 것이라고도 하겠다.

악곡을 만들었던 우륵을 단순한 기능인이 아닌 지식인이었다고 보는 것도 당대의 문화를 대변할 수 있는 학문적·기술적 소양을 함께 갖추고 있었기 때문이다.

우륵과 함께 소개하고 있는 니문(泥文)이라는 인물은 우륵의 제자로서

184

역시 악곡을 만든 가야의 악인으로 추정된다. 가야가 멸망하지 않았다면, 우륵의 뒤를 이어 악사가 될 수 있었을 법한 인물이다. 니문이 만든 3곡의 제목을 보면, 첫 번째 곡은 까마귀, 두 번째 곡은 쥐, 세 번째는 메추라기로 되어 있다. 동물의 모양을 악곡을 통해 표현한 것 같은데, 생상의 '동물의 사육제'를 연상시키는 재미있는 곡들이 아니었나 생각된다.

우륵의 망명

대가야에서 악사로 활동하던 우륵은 돌연 악기를 들고 신라로 망명해 버린다. 『삼국사기』에서는 그가 망명한 이유를 나라가 장차 어지러워지므로 진흥왕에게 투항하였다고 전하고 있다. 혹시 대가야에서 우륵을 제대로 대우해 주지 않았던 것은 아닐까. 이를 알아보기 위해 대가야에서 우륵이 어떤 신분이었는지 살펴보자.

우륵은 오늘날의 의령지역인 성열현(省熱縣) 출신이다. 가야에서도 중앙이 아닌 지방 출신이었던 것이다. 그렇다고 해서 평민이나 천인 출신이었다고 보기는 어렵다. 학문과 음악적인 소양을 닦기 위해서는 기본적인 생활보장이 되어 있는 계층이었다고 봐야 하기 때문이다. 아마, 지방의 상위계층 출신이라고 보는 것이 무난할 것이다. 그리고 우륵이 대가야 왕실로부터 받았던 대우도 결코 낮지 않았다.

『신증동국여지승람』에는 우륵이 공인들을 데리고 가야금을 익히고 연주하던 '가야금 계곡[琴谷]'이 있었다는 이야기가 나온다. 공인들은 오늘날로 말하면 악기를 연주하는 일종의 악단의 구성원이다. 즉, 가실왕이 우륵으로 하여금 악단까지 거느리게 하여 가야금의 연주와 작곡에 몰두할 수 있는 환경을 제공하였던 것이다. 그리고 개인적으로 자신의 음악을 전수한 니문이라는 제자도 있었다.

그럼에도 불구하고 망명을 한 이유는 '나라가 어지러웠기[國亂]' 때문이다. 6세기 중반 가야에 대한 백제·신라의 압박이 현실화되는 가운데, 가야제국의 자구노력은 실패로 돌아갔고, 가야의 소국들은 각기 앞날을 예측할 수 없는 암울한 상황이었다. 거기에 대가야 내부의 기강마저 문란해지고 외래적 위협에 둔감해져 있었다. 대가야의 기강이 어느 정도 해이해졌는지는 다음의 기록을 통해서 알 수 있다.

> 이사부가⋯⋯거도의 모의를 모방하여 말놀이로 가야(가라라고도 한다)국을 빼앗았다. (『삼국사기』 열전 이사부전)

> 진흥왕이 이찬이사부에게 명하여 가라를 습격하게 했다.⋯⋯ 그 나라 경계에 이르러서 원수(元帥)에게 청하여 휘하 병사들을 거느리고 먼저 전단량으로 들어갔다(전단량은 성문 이름이다. 가라어로 문을 양이라 한다). 그 나라 사람들이 뜻하지 아니한 병사들이 갑자기 들이닥치니 놀라서 방어하지 못했고 대군은 이를 틈타 드디어 그 나라를 멸망시켰다. (『삼국사기』 열전 사다함전)

위의 이야기는 가야를 멸망시키는 데 활약을 하였던 신라의 이사부와 사다함에 관한 기록 가운데 나오는 내용이다. 그들이 대가야를 멸망시키기 위해 선택한 작전은 오래 전 거도라는 장수가 소국을 정벌할 때 썼던 것이다. 정복할 국가 주변에서 말놀이를 하는 척하다가 갑자기 기습하여 나라를 멸망시켜버리는 작전이다.

대가야인들은 처음에는 주변에서 말타는 신라 병사들을 경계의 시선으로 바라봤지만 매일같이 말놀이가 계속되자 나중에는 그냥 그러려니

하고 구경하고 있었다. 그러다가, 갑자기 도성 안으로 쳐들어온 신라군에게 멸망을 당하고 만 것이다. 대가야인들은 자신들을 정복하려는 야욕을 가진 신라의 의도를 제대로 읽어내지 못했으며, 적군이 주변에서 위험한 게임을 하고 있는데도 불구하고 이를 물리치지 못하고 구경만 한 것이다.

이렇게 해이해진 대가야의 기강을 보면서, 우륵은 나라가 어지럽다고 판단하고, 더 이상 자신의 나라에 미련을 두지 않고 떠나간 것이다.

신라에서의 우륵

그렇다면, 신라에 온 우륵은 어떠했을까.

우륵이 그 나라가 장차 어지러워지므로 악기를 들고 신라 진흥왕에게 투항하였다.

왕이 그를 받아들여 국원에 안치하고 이에 대나마 주지·계고·만덕을 보내어 그 업을 전하게 하였다.…… 왕이 그것을 듣고 크게 기뻐하였다. 간하는 신하가 의논하여 아뢰기를 "가야의 망국음악을 취할 수 없습니다." 왕이 가로되 "가야왕이 음란하여 스스로 멸망했으니 악이 무슨 죄가 되리오. 대개 성인이 악을 만든 것은 인정(人情)에 연유하여 법도를 지키도록 삼은 것이니 나라의 다스림과 어지러움은 음조에 유래하는 것이 아니니라." 하고 마침내 대악으로 삼았다. 가야금에는 두 가지 조가 있으니 첫 번째는 하림조요 두 번째는 눈죽조인데 모두 185곡이다. (『삼국사기』 악지)

신라에 온 우륵은 진흥왕의 배려로 계속 악사로서 활동할 수 있었다. 악곡을 만들어 왕 앞에서 연주를 하기도 하고, 왕으로부터 명을 받은 제자들에게 악을 전수하였다. 이 제자들 가운데는 자신이 가야에서 떠나

올 때 함께 온 니문도 포함되어 있었다.

신분적으로도 상당한 대우를 받았다. 그에게 악을 전수받은 세 제자 가운데 주지와 계고는 대나마였고, 만덕은 대사로서 모두 11등급 이상의 관등 소지자였으므로, 적어도 우륵은 그 이상의 신분적인 대우를 받았을 것이다.

하지만 망명인으로서의 한계도 있었다. 우륵이 국원(오늘날 충주)으로 안치되었다는 사실은 그가 행동반경에 제한을 받고 있었다는 것을 짐작케 한다. 다시 말하면 우륵은 신라 왕에게 그 재능을 인정받았으나 죽을 때까지 이방인일 수밖에 없었으며, 완전한 신라인으로서의 생활은 불가능하였다고 할 수 있다.

12곡에서 5곡으로

우륵이 악인으로서 최고의 영예를 얻을 수 있게 된 것은 그의 악이 신라의 대악으로 지정된 때문이다. 그가 전수한 12곡 그대로는 아니고 그 제자들에 의해 12곡이 5곡으로 정리되어 신라의 대악으로 지정되었다. 대악은 바로 국가의례 때 사용한 공식악이었다. 『삼국사기』에는 우륵의 12곡이 '번잡하고 음란하여 아정하지 못한' 때문에 5곡으로 바꾸었다고 설명하고 있다. 추측컨대, 곡조뿐만 아니라 가사도 역시 대폭 달라졌을 것이다. '번잡하고 음란하여 아정하지 못하다'는 것에 대해 음악사를 연구하는 한 학자는 빠르고 복잡하며 감정을 지나치게 드러낸 것을 뜻한다고 해석하기도 한다. 아마, 요즘의 록이나 힙합 같은 음악에 대한 기성세대의 느낌과 비슷하다고 보았던 것 같다.

하지만, 역사적인 안목으로 평가할 때는 이는 다분히 신라의 정치적인 의도와 관련이 깊은 것으로 해석해야 할 듯하다. 우륵 12곡은 가야 각국의 주악으로 대가야연맹을 기념하는 악곡과 악기이며, 악을 매개로 한 정치이념의 표현이었다. 국가의례에서 각 지역과 관련된 악을 연주하는 것은 바로 그 지역에 대한 관념적인 지배의식의 표현이었던 것이다. 고대중국에서 주변 제국들의 악을 연주하게 하거나 기예를 보이게 한 것과 상통한다 하겠다.

이러한 악의 연주에서 보여주는 지배관념은 반드시 실질적인 정치권과는 일치하지 않을 수도 있다. 중국이나 일본의 경우도, 이미 멸망하여 더 이상 존재하지 않는 나라들의 악을 연주하는 예를 볼 수 있다. 이것은 악이 다분히 관념적·상징적인 지배의식을 바탕으로 하고 있다는 것을 반영한다. 가실왕이 가야 각 소국의 이름을 소재로 삼아 악을 만들어 연주하게 한 것도 대가야의 패권의식이 관념적으로 자리잡고 있었던 때문이라고 앞서 설명했거니와, 우륵 12곡에 등장하는 지명이 대가야의 직접적인 지배지역과 일치하지 않는 것도 바로 그 때문일 것이다.

신라에서 재창작된 5곡도 역시 그것과 무관하지 않다. 즉 신라가 새로이 가야악을 고쳐서 대악으로 삼은 것은 신라의 지방지배의식의 한 표현이었다. 진흥왕 13년 상·하주에 정(亭)이 설치되고, 정제가 지방제로서의 주제(州制)와 결합되면서 명실상부한 신라적인 천하관으로서 사방의식이 자리잡는다. 그리고 진흥왕 17년에 사방군주제가 완성된다. 우륵 12곡을 5곡으로 바꾸어 대악으로 삼은 것은 바로 이 신라의 천하관, 즉 중앙과 사방의 다섯 주가 확립된 것과 관련이 있을 것이다. 신라의 5곡은 바로 진흥왕의 통치권 하에 들어온 지역을 대표하는 악으로서 왕의 치적을 찬양하는 내용이었던 것이다.

중요한 것은 신라 진흥왕이 가야악의 우수성을 인정하고 받아들였다는 사실이다. 이것은 가야가 신라에게 무력적으로는 패배하였지만, 가야인들이 이루어낸 악문화는 신라보다 우월하다는 것을 인정받았음을 의미한다.

요컨대, 가야악을 볼 때 비록 정치군사적으로는 신라가 가야를 제압해가는 단계에 있었지만, 내적인 문화의 축적이라는 면에서는 가야가 신라를 능가하는 면이 있었음을 말하는 것이 아닐까. 다만, 현실적인 국력의 쇠약 때문에 이를 제도적으로 양성할 만한 사회적 여건을 만들어 내지 못했고, 기강이 문란해진 가야왕실은 더 이상 이를 해결할 여력이 없었을 것이다. 악인 우륵이 가야에 더 이상 미련을 갖지 않고 신라로 망명한 이유도 바로 여기에 있었던 것이다.

우륵은 가고, 가야금만 남아……

임나흥망사를 정리했던 일본학자 스에마쓰는 가야의 문화를 신라·백제와 비교하어 저급한 수준이라고 규정하였다. 하지만 문화를 상대적인 비교를 통해 쉽게 규정하는 것은, 마치 중국의 중심문화와 한국의 일반문화를 상대평가하여 한국문화를 비하하는 것과 같은 시각일 수 있다. 개별문화는 각기 나름대로의 관점이 있고, 주관적인 장점이 존재하기 때문이다.

물론, 문화의 객관적 평가와 비교도 없을 수는 없다. 그리고 가야의 문화를 다른 문화와 객관적으로 비교해도 결코 뒤지지 않는 것이 바로 가야금이다. 지금까지 살펴보았듯이 가야금의 제작은 가야의 높은 기술, 문화, 학문수준을 대변하기 때문이다. 이러한 문화적 바탕 위에 우륵이 악곡을 만들 수 있었던 것이며, 악곡을 만드는 데 필요한 폭넓은 학문적

식견을 쌓을 수가 있었던 것이다.

　마치기 전에 잠시 우륵을 위한 변명을 하고자 한다. 서두에서 우륵을 '비겁한 인물'이라고 표현했는데, 이것은 단지 작금의 역사적 기록을 통해 비치는 그의 모습일 뿐이다. 사실 그가 어떠한 생각과 어떤 실천적 행동 끝에 망명을 결정했는지를 알 수 있는 구체적인 기록은 없기 때문이다. 분명한 것은 그가 시대의 질곡 속에서 자신의 재능과 판단을 통해, 가야의 음악과 악기를 오늘날까지 전하게 한 장본인이라는 사실이다.

　지나간 역사 속에 수없이 많은 사람들이 각자의 유한의 삶을 살고 갔다. 우륵도 그 중 하나였지만, 그는 아직 살아 있다. 가야금을 통해서……

참고문헌

末松保和, 『任那興亡史』, 大八州出版, 1949.
藝能史硏究會編, 『日本藝能史』, 法政大學出版局, 1981.
이기백·이기동, 『한국사강좌 I (고대편)』, 일조각, 1982.
송방송, 『한국음악통사』, 일조각, 1984.
송방송, 『한국고대음악사연구』, 일지사, 1985.
奈良國立博物館, 『正倉院展』, 1988.
田中俊明, 『大加耶連盟の興亡と'任那'-加耶琴だけ殘った-』, 吉川弘文館, 1992.
장사훈, 『증보 한국음악사』, 세광음악출판사, 1994.
J.해리슨 저, 오병남·김현희 공역, 『고대 예술과 제의』, 예전사, 1996.
양 인리우 지음·이창숙 옮김, 『중국고대음악사』, 솔, 1999.
김동욱, 「우륵십이곡에 대하여」, 『한국가요의 연구(속)』, 이우출판사, 1975.
백승충, 「우륵십이곡의 해석문제」, 『한국고대사논총』 3, 1992.
山田光洋, 『樂器の考古學』 同成社, 1998.
권주현, 「우륵을 통해 본 대가야의 문화」, 『한국고대사연구』 18, 2000.
권주현, 「고구려 '유인' 고」, 『경북사학』 23, 경북사학회, 2000.
권주현, 「고대 악문화의 전개과정과 그 변화」, 『사학연구』 72, 국사편찬위원회, 2001.

가야인, 신라에서 빛나다

주 보 돈 경북대학교 사학과 교수

가야의 유력한 세 세력

다 아다시피 가야는 일반적으로 단일한 정치세력처럼 불리지만 그 세부를 들여다보면 전혀 그렇지 않다. 우리 측 기록에 따르면 흔히 5가야 또는 6가야가 존재하였다가 멸망한 것으로 되어 있는데, 일본측 기록에 보면 6세기에 10여 개 나라의 이름이 보이며 이들은 동시에 병존하였다가 멸망한 것으로 나온다. 그 진위야 어쨌든 간에, 이는 가야가 결코 단일화되지 않았으며, 그들 간의 실제적인 관계는 어떠하였는지 잘 알 수 없지만 다수의 독립된 정치세력으로 구성되어 있었다는 것은 확실하다. 이들 가야의 여러 세력들은 오랜 기간 이합집산하는 등 부침을 거듭하다가 결국 멸망하였다.

가야를 구성한 여러 정치세력 가운데 문헌상으로나 고고자료상으로 볼 때 가장 유력한 세력을 꼽는다면, 아무래도 경북 고령에 중심지를 둔 대가야, 경남의 김해를 근거지로 삼아 세력을 떨친 금관국(금관가야),

함안에 위치하였던 안라(아라가야)일 것이다. 아마도 이들 3대 세력은 각기 백제나 신라와 마찬가지로 주변의 동족(류) 세력을 대상으로 정치적인 통합운동을 줄기차게 전개하였을 것이나, 마침내 그 목적을 이루지 못한 채 멸망이란 비운을 맞았다. 어쩌면 가야 정치사는 한 마디로 실패로 끝난 통합운동의 역사라고 할 수도 있다.

이 3대 세력은 비록 단일세력으로 통합되지는 못하였지만 각기 시차를 달리하여 정치적으로 유력한 세력으로 기능하였다. 흔히 가야의 역사를 시기구분 할 때는 크게 두 가지 견해로 나뉜다. 하나는 가야사를 5세기 초를 기준으로 하여 전후의 두 시기로 나누는 것으로, 전기는 2세기에서 4세기 말까지로서 금관국이 주도권을 장악하고, 후기는 5세기 후반부터 멸망기까지로 대가야가 가야연맹체의 주도권을 장악하였다고 본다. 이 견해는 최근 우리 학계에서 거의 통설화되어 있다. 이 견해의 특징으로는 가야가 시종일관 단일한 연맹체를 구성하고 있었다는 점, 일반적으로 4세기 초까지 존재하였다고 인정되는 변한을 전기가야연맹으로 파악하려 한 점, 금관국이 급격히 쇠퇴한 요인을 이른바 400년 광개토왕의 남정에서 찾는다는 점, 이후 5세기 후반 대가야가 갑자기 부상하기까지 과도기적인 상태를 설정한다는 점, 안라국의 존재를 과소평가한다는 점 등을 꼽을 수 있다.

그러나 가야가 단일한 연맹세력을 구성하고 있었다는 사실은 어떤 기록에도 나타나지 않는다. 금관국이 가장 유력한 세력을 이룬 시기를 설정하는 것은 타당하지만, 그것이 단일한 가야연맹체의 맹주였다는 증거는 어디에도 없다. 게다가 변한을 곧바로 가야연맹체와 동일시하는 것은 가야사만의 입장에서라면 몰라도 그 밖의 마한과 백제, 진한과 신라의 문제와 아울러서 생각해 보면 근본적인 문제를 안고 있다는 것을 알 수 있다. 특히 안라의 위상을 애써 낮게 평가하려는 것은 문헌상으로나 고고자료상으로나 문제가 많다. 이를 보완하면서 가야사를 다른 입장에서 세 시기로 나누어 이해하려는 새로운 시도가 두 번째 견해다.

이 두 번째 견해는 우선 4세기 초를 정치사회적 변동기로 중시하였다. 즉 이 때를 변한에서 가야로 이행한 시기로 간주하고, 이후를 가야사 단계로 보아 전(초), 중, 후의 세 시기로 나눈다. 초기는 변한단계를 이어서 마찬가지로 금관국이 가야의 제 세력 가운데 가장 유력하였던 4세기 전반이며, 중기는 4세기 후반에서 5세기 전반까지로 가야 제 세력이 크게 재편되는 시기, 후기는 5세기 중반 무렵부터로 대가야가 유력한 세력으로 급부상한 시기다. 그 가운데 안라국은 두드러지지는 않았지만 줄곧 유력한 세력으로서 자리하여 전기에는 금관국, 후기에는 대가야와 쌍벽을 이루었다고 본다. 가야 제 세력이 통합되지 못한 하나의 요인도 바로 여기에서 찾는다.

이 견해는 첫 번째 견해와 비교해 보면, 내용상으로 몇 가지 점에서 뚜렷한 차이를 보인다. 변한과 가야 시대를 구별함으로써 가야의 성장을 삼국과 연동하여 파악하려고 한 점, 유력한 정치세력이 존재하였다는 것은 인정하되 지속적인 하나의 가야연맹체를 설정하지 않으려 한 점, 대가야의 등장을 4세기까지로 올려보려 한 점 등이 그것이다.

필자는 여러 가야세력 가운데 금관국, 안라국, 대가야의 3대 세력이 주축이 되어 가야 정치사가 전개되어 갔다고 보는 후자의 입장에 서 있다. 이들은 각기 자신들을 중심으로 통합된 하나의 가야국을 건설하고자 하였으나 결국 뜻을 이루지 못하고 멸망하였다. 아마도 그 과정에서 각 지역별로 자구책의 일환으로서 소연맹체가 구성되기도 하고 또 다른 세력으로 편입되는 등 이합집산이 끊임없이 계속되었을 것이다. 특히 위의 세 세력만이 『삼국사기』나 『일본서기』에 그 실상을 약간이나마 전하고 있는 것도 결코 우연은 아닐 것이다. 이 세 세력이 처한 내적인 사정이나 외교관계 등의 현안은 한결같지 않았다. 이웃한 강대국 신라의 침공에 대처하는 양상이나 방법도 각기 달랐다. 이로 말미암아 신라에 편입되고 난 뒤에는 각기 다른 대우를 받았던 것 같다. 아래에서는 그에 대한 이해를 높이기 위하여 먼저 가야의 멸망과 신라에의 편입 과정을 간략하게 더듬어 보기로 하자.

무너지는 가야

세 나라를 주축으로 하는 가야 제 세력은 멸망 시기나 방식이 각기 달랐다. 그로 말미암아 그 유민(遺民)들에 대한 신라의 대우도 한결같지 않았다. 따라서 우선 그들이 어떤 과정을 거쳐 신라로 편입되었는지를 살펴볼 필요가 있다.

금관국을 중심으로 하는 낙동강 중하류 세력은 4세기를 정점으로 한때 전성기를 구가하며 최강의 세력을 구축한 적도 있지만 그 뒤 점차 쇠퇴의 길을 걸어 6세기 초에 이르면 가장 약체의 상태를 면치 못하였다. 이 때문에 낙동강 이서지역으로 진출하기 위한 교두보를 마련하고자 한 신라는 가장 먼저 약체인 금관국 방면을 집중 공략하려 하였던 것이다. 율령을 반포한 법흥왕 7년(520)에서 얼마 지나지 않은 시기부터 신라는 낙동강 하류지역을 본격적으로 공략해 나갔고, 금관국은 그 집중 공세를 이겨내지 못하였다. 그리하여 일시 신라에 백기를 들고 투항함으로써 그 명맥만 간신히 유지하다가 마침내 532년에 이르러 자진하여 항복하고 말았다. 이 지역의 공략에 중심적인 역할을 한 인물은 바로 신라의 명장 이사부였다. 이후 이웃의 탁순, 탁기탄도 잇달아 항복함으로써 낙동강 하류지역은 완전히 신라의 영토로 편입되었다.

사실 약체였으면서도 금관국의 유민들은 신라에서 남다른 대우를 받았다. 그것은 물론 자진 항복이라는 형식을 취하였기 때문이기도 하지만 가야의 여러 세력 가운데 처음으로 복속한 나라였기 때문에 신라로서는 이들을 대외적인 목적에 적극 활용할 필요가 있었다. 다른 가야 세력이 아직 기반을 그대로 유지하고 있었고, 뿐만 아니라 그 상당수가 친백제적인 성향을 보이고 있었으므로 신라는 이들을 적극 회유하고 포섭하는 방식을 염두에 두지 않을 수 없었던 것이다. 한편 거기에는 편입 이후의 지배방식에 대한 계산도 밑바탕에 깔려 있었을 것이다. 군사력이라는 물리적 수단을 동원하지 않고 회유하고 포섭하여 자진 항복을 받는 평화적인 방식은 차후 이 지역을 지배하는 데에도 여러 가지로 이점을 가져다 주는 가장 최선의 방책이었기 때문이다. 금관국은 그 첫 케이스로서 특별 우대를 받았다.

금관국의 마지막 왕인 구해왕(仇亥<衡>王)은 그의 세 아들인 노종(奴宗), 무력(武力), 무덕(武德) 및 상손(上孫)인 졸지공(卒支公) 등과 함께 신라 왕경으로 옮겨가면서 진골귀족으로 편입되고 본국은 식읍(食邑)으로 받았다. 이 식읍은 그 동생인 탈지이질금(脫知爾叱今)이 현지에 남아 관리하였다. 이렇게 보면 금관국 왕족이라도 구해왕과 가까운 혈연관계에 있는 인물들만 한정적으로 진골귀족으로 편입되고 나머지는 현실적인 처지에 따라 신분적인 차별대우를 받았음이 확실하다. 상당수는 6두품 이하로 편입되었을 것이다. 여하튼 금관국계 왕족은 가야 제 세력 가운데 약체에 속하였으면서도 우대를 받았던 것은 틀림없다. 그 후예들이 신라에서 크게 활동하며 어려운 여건 속에서도 유달리 두각을 나타내게 된 것도 이에 힘입은 바 크다고 하겠다.

금관국과 몇몇 세력을 복속시킨 신라가 이후 바로 가야에 대한 전면적인 공세를 시도한 것 같지는 않다. 상당 기간 소강 상태를 거친 것으로 되어 있기 때문이다. 이것은 아마도 무력보다는 회유 방식을 취하려 한 데서 비롯된 것이 아닌가 싶다. 게다가 백제가 이 세력들과 연결되어 있었으므로 곧바로 직접적인 공세를 취한다는 것은 신라로서도 큰 위험 부담이 아닐 수 없었을 것이다. 즉 다시 공격을 취할 준비기간을 필요로 하였던 것이다.

안라국의 멸망 시기와 과정에 대해서는, 『삼국사기』 지리지 함안군조에 막연히 법흥왕대라고만 되어 있다. 한편 조선 초기에 편찬된 사서인 『동국통감』에는 어떤 사료에 근거하였는지 잘 알 수 없지만 법흥왕 26년(539)이라고 구체적으로 명시되어 있다. 그러나 『일본서기』에는 안라가 이후에도 계속하여 대가야(가라) 세력과 어깨를 나란히 하는 유력한 세력으로 등장하고 있으므로, 법흥왕대에 신라에 편입되었다는 기사는 그대로 믿기 어렵다. 다만 지리적인 위치로 미루어 보아 안라국이 금관국 다음으로 신라에 복속되었을 가능성은 충분히 있다. 그 시점은 명확히 말할 수 없겠지만 대가야가 멸망한 시기보다 앞서는 것은 분명하다. 『일본서기』 흠명기 14년(553)조에는 신라가 고구려와 모의하여 안라를 정복하려 하였다는 기사가 보이므로 이 때까지는 존속하였던 것이 틀림없다. 그런데 같은 책 흠명기 22년(561)에는 신라가 일본의 침략에 대비하여 아라파사산(阿羅波斯山)에 축성하였다는 기록이 보인다. 파사산의 위치는 분명하지는 않지만 아라는 안라라고 이해되므로 적어도 그 이전에 안라는 신라 영역으로 편입되었을 것이다. 어쩌면『일본서기』에 보이는 임나(가야) 멸망설 중 하나인 559년일지도 모르겠다.

그런데『일본서기』에 따르면, 안라는 6세기 중반에 왜(倭) 세력과 가장 밀착한 것으로 나타난다. 아마도 백제나 신라 등 강대한 세력의 공략에 대항하고 나아가 줄곧 경쟁관계에 있던 대가야 세력을 견제하기 위하여 왜를 끌어들여 긴밀한 우호관계를 맺었을 것이다. 말하자면 가야 가운데 자립성·독자성이 가장 강한 세력으로서 신라의 공세에 여러 가지 수단을 동원하여 끝까지 저항하였던 것으로 보인다. 안라가 상당한 유력세력을 형성하였음에도 그 후예들에 관한 기록이 전혀 나타나지 않는 것이 이를 추정케 한다. 안라를 복속시키자마자 신라는 전국적인 역역을 동원하여 그 중심지에 축성사업을 감행하는데, 이를 통해 안라의 기반을 철저하게 유린하였고 그 결과 유민들 역시 별다른 대우를 받지 못하였던 것이 아닐까 싶다. 물론 안라의 핵심 세력은 왜와 백제 등으로 이주하였을 가능성도 크다. 아라파사산을 쌓아 왜에 대비하려 하였다는 데에서 그런 실상이 느껴진다. 여하튼 안라국의 유민은 이런 저런 이유로 신라에 의해 제대로 평가받지 못하고 아울러 그 기반을 철저히 파괴당한 탓에 관련 기록조차 변변히 남아 있지 못하게 된 것이 아닐까 싶다. 안라에 대한 연구가 오래도록 부진한 이유는 바로 여기에 있다.

가장 늦게까지 독립된 실체를 유지한 것은 대가야다. 대가야는 5세기 전반 이후 멸망기에 이르기까지 가야의 여러 세력 가운데 가장 우세하였다. 인근 세력을 대상으로 상당한 수준의 통합을 이룩하였으며 6세기 초에는 이미 백제나 신라에 비견되는 영역국가로까지 발돋움하고 있었다. 대왕호(大王號)를 칭하고 부명(部名)을 통하여 드러나듯이 왕도가 존재하였으며, 그에 대응하는 지방도 확인되고 있어 그 점은 확실시된다. 그러나 경쟁관계에 있던 안라의 줄기찬 견제를 받아 마침내 통합이란 목적은 달성하지 못하였다. 이러한 대가야가 『삼국사기』에 따르면 562년에 반란을 일으킨 것으로 되어 있다. 이는 찬자가 금관국과 대가야를 착각한 데서 나온 것이지만 실제로 그보다 약간 앞서 멸망했을 가능성도 없지 많다. 어쨌든 562년에는 최후의 보루를 지키던 대가야 및 가야 잔존 세력들이 전부 신라에 복속됨으로써 가야사는 종막을 고하게 된다.

대가야는 멸망하기 십 수년 전부터 이미 시대말기적 조짐을 보이고 있었다. 멸망기에 일반적으로 나타나는 양상인 상층 지배층의 사치와 향락, 정사를 팽개치고 주지육림에 빠지는 모습 등이 이 때에도 두드러졌다. 국왕을 비롯한 지배층들은 어쩌면 시대적 흐름이 이미 가야의 편에서 비켜나 있음을 알고 자포자기한 상태에서 그런 길을 선택한 것일까. 이런 상황은 유력자들의 이탈을 촉진하였다. 우륵이 가야가 멸망하기 훨씬 앞선 시점인 540년대에 신라에 투항한 데서도 짐작되는 사실이다. 이들과 관련된 대가야인들은 신라에서 명맥을 유지하며 나름대로의 활약상을 보이며 족적을 남긴다. 이를 제외하면 국왕을 비롯한 대가야인의 흔적은 찾아보기 어렵다. 아마도 반란을 일으켰다는 표현에서도 느껴지듯이 대가야 왕족들은 신라에 강력하게 저항하여 장렬한 최후를 택하였을지도 모르겠다. 아니면 그들 역시 백제나 왜 등으로 도망하였을 수도 있다. 여하튼 대가야 왕족들은 금관국의 왕족들과는 달리 신라에서 대우를 받지 못한 탓에 그 흔적조차 남기지 못하게 되었다.

요컨대 본국이 멸망한 후 신라 지배세력으로 편입되어 어떤 형태로든 족적을 남겼던 인물들은 전부 끝까지 저항한 세력이 아니라 자진 항복하였다는 공통성을 보인다. 이는 신라가 복속민을 어떻게 차별화하였던가를 여실히 보여주는 사례로서 애초에 설정한 목적을 일정하게 달성하였음을 반영한다고 하겠다.

신라 속에 빛난 가야인들

이상에서 언급하였듯이 신라에 편입된 방식에 따라 가야 유민이 받는 처우는 각기 달랐다. 신라에서 활동한 가야계를 하나로 합쳐서 다루지 않고 굳이 구별하려는 것도 바로 그 때문이다. 그 각각의 성격은 신라에서 활동한 가야계의 역할을 구체적으로 분석해 보면 확연해진다. 가령 금관국계가 줄곧 군사 방면에서 두드러진 활동을 보였다면 대가야계는 주로 문화적인 방면에서 큰 족적을 남겼다. 이는 우연의 소치가 아니라 가야 각국의 존재 양상을 엿보게 하는 대목이다. 그것은 역으로 가야사를 더욱 풍부하게 이해할 수 있는 다른 접근 방법이기도 하다. 그래서 아래에서는 기록상에 뚜렷이 보이는 가야계 인물들을 대가야계와 금관국계로 나누어 활동 상황과 그 특징을 구체적으로 살펴보기로 하겠다.

1) 문화 방면에서 두드러진 대가야계

신라 진흥왕이 어린 나이로 즉위하였던 탓에 처음에는 그의 어머니인 지소태후가 섭정을 하였다. 그러다가 즉위 12년(551)에 이르러 성년이 되자 친정(親政)을 하면서 새로운 자신의 시대가 도래하였음을 표방하는 뜻에서 연호를 개국(開國)으로 바꾸었다. 이것은 바로 신라가 안으로는 국왕권을 강화하는 체제정비를 꾀하고 밖으로는 영역을 극대화해 나가겠다는 신호탄이었다. 글자 그대로 나라를 연다는 뜻의 새 연호에는 젊음의 의지가 가득 담겨 있었다. 진흥왕은 새로이 신라영역으로 편입된 지역을 확고하게 다지기 위하여 충북 일대를 순행하던 길에 오늘날의 청주인 낭성(娘城)에 이르렀다. 거기에서 충주인 국원에 있던 우륵과 그의 제자 니문이 음악을 잘 안다는 소문을 듣고 하림궁(河臨宮)으로 가서 머물면서 그들을 불러 음악을 연주케 하니 그들이 새로운 노래 두 곡씩을 지어 연주하였다고 한다. 하림궁은 흔히 충주로 비정되고 있는데, 그것이 사실이라면 진흥왕은 우륵을 만나기 위해 청주에서 충주까지 일부러 행차했다는 이야기가 된다. 음악을 지극히 사랑한 군주 진흥왕의 면목이 그대로 묻어나는 대목이다. 진흥왕순수비에 비록 유교 경전을 인용하고 있지만 인민에 대한 애정이 듬뿍 담겨 있는 것은 결코 우연이 아님을 알겠다.

다 아는 바처럼 진흥왕에게 불려간 우륵은 원래 대가야인이었다. 그의 구체적인 이력에 대해서는 성열현(省熱縣) 출신이라고만 되어 있을 뿐 거의 알려진 바가 없다. 성열현은 물론 가야 당대의 표현이라 단정짓기 어렵겠지만 대체로 의령군 부림면 일대로 추정되고 있다. 그렇게 보면 우륵의 출생에 대해서는 다소 의문이 생긴다. 그 곳에는 가야의 제 세력 중 하나인 사이기국(斯二岐國)이 자리하고 있었다는 설이 유력하다. 그렇다면 우륵은 대가야인이 아니라는 말이 된다. 하지만 다른 한편으로는, 성열현과 사이기국에 대한 현재의 위치 비정에 잘못이 없다면 이는 대가야의 정치적 사정을 달리 해석해 볼 여지를 제공한다. 우륵은 대가야 가실왕의 명령을 받은 인물이므로 대가야인인 것은 분명하다. 그렇다면 사이기국은 대가야의 영역에 포함되는 것이니, 사이기국 지체는 형식상 국명을 갖고 존속하고 있었지만 실제로는 이미 대가야 영역에 정식으로 편입되어 대가야의 한 지방으로 인식되고 있었다고 할 수 있다. 이 점은 대가야가 상당히 광역의 영토를 확보한 국가로 발전하고 있었다는 사실을 증명하는 사례의 하나라 하겠다.

6세기 초반에 재위하였던 것으로 추정되는 가실왕 시대에는 대가야가 비약적으로 발전하여 주변의 여러 가야 세력을 정치적으로 장악한 것으로 보이는데, 그 여세를 몰아 지배체제의 정비를 시도하고 또 선진문물도 적극 입수한 듯하다. 어떤 논자는 남제와 처음 교섭하여 보국장군본국왕이란 작호를 받은 가라국왕 하지(荷知)를 대가야의 가실왕으로 비정하기도 하지만, 달리 방증사료가 없는 현재로서는 단정할 수 없다. 어떻든 가실왕이 중국의 쟁(箏)이란 악기를 모방하여 가야금을 만들었다고 하니 당시 대가야의 문화 수준을 짐작해 볼 수 있다. 가실왕은 가야금을 만든 뒤 성열현에 살던 우륵을 불러 그 악기에 맞는 12곡을 제작하게 하였으니, 그것이 곧 1년 12달을 상징한 것이라 한다. 이로 보면 우륵은 악성이라 일컬을 만큼 작곡에 뛰어난 재능을 갖춘 인물이었다 하겠다.

대가야의 지방 사람으로서 왕도에 불려와 악사의 업무를 담당한 우륵은 모국이 멸망의 길로 치닫는 현실을 목도하고서 상당히 우울하고 비통한 나날을 보냈던 것 같다. 당시 국왕인 도설지는 우륵이 제작한 음악에 심취하여 정사는 돌보지 않고 주지육림에 빠지는 등 말기적 증상을 드러내고 있었기 때문이다. 마음이 결코 편치 못하였을 우륵은 아마 여러 차례에 걸쳐 직·간접으로 간언을 하였을 것이나, 그 간언이 쉽게 받아들여질 상황은 아니었다. 그리하여 그는 가야가 멸망하기 십수년 전에 자신을 따르는 일군의 무리를 이끌고 대가야를 떠나 신라에 의탁하고 만다. 우륵이 언제 신라로 망명하였는지는 분명하지 않다. 그가 남한강가인 오늘날 충주 땅 국원(國原)에 머물면서 진흥왕의 부름을 받았던 시점이 551년인 것으로 미루어, 그 이전이었던 것은 틀림없다. 그렇다면 그 시점은 대체로 540년대 말 무렵으로 잡아도 그리 어긋나지 않을 듯하다. 아직 멸망 전임에도 불구하고 우륵이 본국을 떠난 것은 음악을 지키기 위한 마지막의 몸부림이었을 것이다. 그의 망명길에 제자 니문을 동반하였던 사실에서도 짐작이 간다. 니문이 원래 대가야인인지 아니면 국원 출신자인지는 잘 알 수 없지만, 우륵이 극한 상황 속에서도 제자를 키우고 있었다는 사실은 그 점을 특히 여실히 보여준다. 그런데 우륵 일행이 신라에 투항한 뒤 곧바로 국원으로 안치된 것은 아니었을 터이며, 왕경을 거쳐 때마침 영역으로 확보된 국원으로 사민(徙民)된 것으로 보인다. 신라의 음험하고 야비하기까지 한 의도가 엿보인다.

국원은 원래 백제 땅이었으나 고구려가 475년 무렵 이 곳을 장악하면서 그렇게 부르기 시작하였다. 그러다가 신라영역으로 편입된 것은 진흥왕이 이 곳에 행차하기 바로 1년 전인 550년이었다. 그렇다면 이 곳은 신라로서는 최전선에 해당하는 셈이다. 이 지역을 교두보로 삼아 신라는 551년 백제 및 가야와 힘을 합쳐 한강 중·하류로 진출한다. 이처럼 갓 망명하여 온 대가야인들을 일진일퇴를 거듭하는 최전방으로 옮긴 것은, 그들을 고구려와의 싸움에서 총알받이로 활용하려 했다는 의도로밖에는 해석되지 않는다. 음악밖에 알지 못하였을 우륵을 통하여 보면 특히 그러하다. 물론 이러한 행태가 비단 대가야인에게만 한정되지는 않았을 터이다. 비록 뒷날의 일이지만 고구려인 안승이 신라에 투항하여 왔을 때 그들을 집단 사민한 곳이 멸망 전 백제의 중심지인 오늘날 익산이었다. 이는 고구려와 백제 유민들의 대립·갈등을 조장하여 지배에 활용하고자 한 의도가 강하게 깔려 있다. 그러면서도 고구려 유민들의 나라 이름을 신라의 덕에 보답한다는 뜻의 보덕국(報德國)이라고 짓는 아이러니를 보였다. 피복속민에 대한 신라의 기본정책이 이이제이책(以夷制夷策)이었음을 여실히 보여준다.

대가야인 우륵 무리는 당시 가장 위험한 땅으로 내몰림으로써 본국을 이탈한 본래 목적인 음악의 맥을 잇는다는 의도가 무위로 돌아갈 위기에 직면하였다. 바로 이 때 유학적인 소양이 풍부한 중흥의 군주 진흥왕을 만난 것은 정말로 다행스런 일이었다. 진흥왕은 국원에서 우륵의 음악을 듣고 돌아와 그의 음악을 계승하기 위하여 이듬해(552) 계고(階古), 법지(法知), 만덕(萬德) 세 사람을 보내어 음악을 배우게 하였다. 우륵은 이들의 재능을 잘 헤아려 계고에게는 가야금을, 법지에게는 노래를, 만덕에게는 춤을 가르쳤다. 이는 당시의 음악이 종합예술이었음을 보여주는 대목이다. 음악 속에 유학사상이 자리하고 있는 것도 충분히 유의해야 할 사항이다. 그런데 계고 등이 12곡을 전수 받은 후 12곡은 번잡하고 음란하니 우아하고 바른 것이라고 할 수 없다면서 멋대로 축약하여 5곡으로 만들었다. 이는 신라의 음악과 가야의 음악 사이에는 일정한 차이가 있었음을 보여준다.

우륵은 처음에 축약한 5곡을 듣고 노하였으나, 다섯 곡을 전부 다 듣고는 눈물을 흘리면서 탄식하여 말하기를 "즐거우면서도 무절제하지 않고 슬프면서도 비통하지 않으니 바르다고 할 만하다"고 하여 그 자체를 승인하였다. 이는 신라인이 그 나름대로 가야 음악을 시대적 상황에 맞게 자기 것으로 소화하는 과정으로서, 두 나라의 음악이 절충되어 마침내 한 단계 높은 수준으로 상승하고 있음을 엿보게 하는 대목이기도 하다.

진흥왕도 이 소식에 크게 기뻐하였다. 간신(諫臣)들이 나라를 망친 음악이므로 가히 취할 바가 못 된다고 말리자 진흥왕은 "가야왕이 스스로 음란하여 멸망한 것이지 음악이 무슨 죄가 있느냐. 대개 성인(聖人)이 음악을 제정함은 인정에 연유하여 법도를 따르도록 한 것이니 나라의 다스려짐과 어지러움은 음악 곡조로 말미암은 것이 아니다"라고 하여 악(樂)과 유학에 대한 높은 이해 수준을 보여주었다. 그리고 마침내 신하들의 반대를 물리치고 가야와 신라의 장점을 결합하여 새로이 창조된 음악을 궁중의 공식음악인 대악(大樂)으로 삼았다.

가야의 음악은 진흥왕이라는 위대한 군주를 만남으로써 신라의 음악으로 재창조되어 이후 한국 음악의 발달에 크게 기여하였다. 진흥왕이 음악을 이해하였다는 것은 단지 음악 그 자체만이 아니라 유학에 대한 이해 수준도 높았음을 의미한다. 예악(禮樂)이라고 표현되듯이 악은 예를 실현하는 하나의 수단이고, 예는 곧 유학의 최고 실천 형태로서 그 결정체다. 진흥왕이 순수비에서 유교경전을 이용하여 민들을 교화하려 한 사실에서 그 점은 뚜렷하게 확인된다. 진흥왕이 예악에 대한 근본적인 이해가 없었던들 우륵의 곡조 역시 결코 이해하지 못하였을 것이다. 우륵의 음악은 예악을 충분히 인식한 진흥왕을 만나 비로소 빛을 발할 수 있었던 것이다. 두 사람의 만남은 어쩌면 운명적이었다. 이로 미루어 짐작하면 가야의 음악은 그 바탕이 된 유학과 함께 신라에 큰 영향을 미쳤다. 그 점의 일단을 입증하여 주는 것은 역시 대가야계 인물인 강수(強首)를 통해서다.

강수도 역시 국원에 사민된 대가야 출신자다. 국원은 진흥왕 18년(557) 국원소경으로 되었다가 뒷날 중원경으로 이름이 바뀌었다. 강수가 스스로 임나가량인(任那加良人)이라고 하였다는 사실을 근거로 금관국계라고 보는 견해도 있지만 이는 임나의 의미를 곡해한 데서 비롯된 잘못이다. 임나에는 여러 가지 다른 의미가 내포되어 있기 때문이다. 같은 지역에 일정한 시차를 두고 살았다는 사정을 감안하여 보면, 둘다 대가야인으로 보는 것이 자연스럽다. 강수가 우륵과 어떤 혈연관계가 있었는지는 명확하지 않지만 가야계로서 같은 지역에 살았다는 사실은 주목을 끈다. 게다가 예악 가운데 우륵이 악의 극치를 보였다면, 예(유학)의 극치를 보여준 것은 강수다. 이것만으로도 그 둘의 관계는 예사로워 보이지 않는다.

강수의 아버지는 나마 관등을 지닌 석체(昔諦)란 인물이었다. 17등 가운데 11등인 경위(관등) 나마는 원래 통일 전에는 왕경인에게만 주어졌으므로 그를 왕경 출신자로 보기 쉬우나 그렇지 않다. 7세기 이후에는 외위(外位)만을 지급받던 지방민 일부에게도 경위가 개방되기 시작하고 674년에 이르러서는 지방민 전부에게 외위 대신 경위가 지급됨으로써 관등은 단일화되었다. 따라서 석체가 나마를 소지하였다고 해서 왕경인이라 볼 하등의 이유는 없다. 여하튼 석체가 중원경에 정착해 있었다면 그의 조상은 550년 무렵 우륵과 함께 사민된 대가야인일 것이고, 이후 유력한 세력으로서 계속 지위를 유지하였다고 봄이 타당할 듯하다.

강수의 어머니가 꿈에 뿔 달린 사람을 보고 그를 잉태하였는데, 출생 후 머리 뒤편에 뼈가 불쑥 튀어나와 있었다고 전한다. 그의 아버지가 강수를 데리고 어진 사람을 찾아 물으니 그가 말하기를 "성인의 골상(骨

相)은 보통 사람과 다른데 이 아이는 머리에 사마귀가 났다. 골상법에
보면 얼굴 위의 검은 사마귀는 좋지 않으나, 머리 위의 사마귀는 나쁠
것이 없으니 이는 반드시 기이한 것이리라"고 말하였다. 아버지가 귀가하
여 어머니에게 사정을 말하고 잘 길러 나라의 재목이 되게 하자고 하였다.
강수는 나이가 들면서 스스로 책을 읽을 줄 알아 의리(義理)에 통달하였다
고 한다. 아마도 강수의 집안이 경전을 읽는 분위기였기 때문에 가능했을
것이다. 이는 대가야계의 문화는 물론이고 지방문화의 계승관계가 집안
을 중심으로 이루어지고 있었음을 보여주는 한 사례다. 아버지가 그
뜻을 알아보고자 하여 아들에게 너는 불교를 배우겠느냐 유교를 배우겠
느냐고 물으니, 강수는 불교가 세속을 도외시한 가르침인데 어찌 배우겠
느냐고 반문하여 현실적인 유학을 선택하였다고 한다. 이는 당시 유학이
시대적 필요성에 의해 부상하고 있었던 사정을 반영한다. 신라의 유학은
원래 불교의 테두리에서 성장하였으나 점차 관료조직이 정비되고 지배체
제가 갖추어지면서 불교를 대신하여 정치 이데올로기로 자리잡아 가고
있었다. 그의 아버지도 그러한 시대적 상황을 충분히 감지하고 있었으므
로 강수의 의사에 쉽게 동의하였던 것이다. 그리하여 다시 스승을 찾아
유학을 배운 그는 관료세계로 진입하여 그의 이름을 알리기 시작하였다.
강수는 아버지의 뜻과는 달리 야합(野合)한 대장장이의 딸과 파격적인
결혼을 감행하기도 하였다. 이는 강수가 유학의 선택과 함께 시대를
앞서가는 풍모를 가졌음을 보여준다.
　무열왕이 즉위하였을 때 당이 보낸 조서를 제대로 이해할 수 없어
강수를 불러 물으니 막힘 없이 해석하였다고 한다. 국왕이 크게 기뻐하여
서로 늦게 만남을 한탄하면서 이름을 묻자 자신은 임나가량인으로 이름

이 우두(牛頭)라고 답하였다. 국왕은 '그대의 머리뼈를 보니 강수선생(强
首先生)이라고 불러야겠다'라고 하고는 당 황제에게 보내는 답서를 쓰게
하였다. 이후 무열왕은 강수의 이름을 부르지 않고 단지 임생(任生)이라고
만 불러 우대하였다고 한다. 무열왕이 강수를 늦게 만났음을 한스럽게
여겼다는 것은 당시의 정황으로 미루어, 그가 즉위하기 전 당 태종과
맺었던 나당연합군 결성 밀약이 이제야 성사되었음을 의미한다. 강수는
660년 나당연합군을 결성하여 백제를 공격하는 데 외교문서의 작성을
통하여 공을 크게 세웠다. 문무왕대에 들어서도 역시 이 방면에서 큰
공헌을 하였다. 이는 삼국통일 이후 문무왕이 논공행상을 하면서 강수의
외교문서 작성의 공을 인정하여 지방민으로서 오를 수 있는 최고의 관등
인 사찬(沙飡)과 함께 200석의 봉록을 수여하였던 데서 확인된다. 신문왕
대에 강수가 사망하자 국가에서는 그의 장례비용을 지급할 정도로 우대
를 해 주었다. 아마도 문무왕·신문왕을 거치면서 통일기 신라 유학의
산실로 기능하는 국학(國學)을 설치하고 나아가 유학적 관료를 양성하는
데에 강수가 큰 역할을 하지 않았을까 짐작된다. 그의 부인이 장례비용을
절약하여 이를 사사로이 쓰지 않고 불사에 바쳤다고 하는 것을 보면
여전히 종교로서는 불교를 믿고 있었던 것 같은데, 유불이 공존하던
당시의 실상을 잘 전해준다.

　이상과 같이 대가야계로서 신라에 큰 족적을 남긴 인물로는 우륵과
강수 둘밖에 확인할 수 없지만 이들을 통하여 비록 기록상으로는 전하지
않으나 여타 인물들의 활동도 미루어 추정해 볼 수 있다. 대가야계는
음악과 유학에 특장(特長)을 가지고 있었던 듯하다. 그런데 음악은 제사(祭
祀)나 제의(祭儀) 등에 활용되어 유학과 뗄 수 없는 관계를 갖고 있다.

우륵과 그 후예인 강수가 이를 입증하여 주고 있는데, 이는 대가야의 문화 수준을 가늠케 해준다. 다른 한편 강수의 아버지가 불교를 운위한 것을 보면, 그들이 불교에 대해서도 상당한 조예를 갖고 있었음을 알 수 있다. 그것은 대가야 말기 신라인의 피가 섞인 월광태자(月光太子)의 이름에서도 묻어난다. 따라서 대가야에서는 유교와 불교가 함께 상당히 성행하였고 그 명맥이 우륵과 강수를 통하여 신라로 이어진 것이다. 특히 강수에서 드러나듯이 대가야는 문(文)으로써 신라의 삼국통일과 이후의 문화의 발전에 일조하였다. 이 점은 군사력을 통하여 신라의 발전에 크게 기여한 금관국계와는 뚜렷한 대조를 이룬다.

대가야계는 중원에 뿌리내리고 지방문화의 발전에도 적지 않게 기여하였다. 중원은 원래 백제 영토였다가 고구려에 편입되고 마침내는 신라영토로 편입되어 대가야인이 사민된 곳이다. 그렇다면 한국 고대사의 중심세력인 삼국 및 가야 문화가 융합된 특수한 지역으로 그 성격을 눈여겨볼 만하다. 국원이라는 지명을 통일기에 중국문화의 발상지인 중원(中原)을 모방하여 중원소경으로 바꾼 것도 결코 우연이 아니라, 그 점을 잘 인식하였던 결과라 하겠다.

그러나 대가야인은 지방에 근거를 두고 활동하였던 까닭에 이후의 향방은 잘 추적할 수가 없다. 후삼국 시기에 지방학교의 존재가 확인되고 특히 충주지역에 근거지를 가진 유력한 호족세력이 왕건의 고려왕조에 많이 참여하는 것으로 미루어 보면 그들 속에서 대가야 문화가 면면히 계승되고 있었다고 보아도 그리 틀리지 않을 듯하다. 아마도 대가야 문화는 충주 출신 호족을 통하여 다시 고려왕조에도 알게 모르게 이어지지 않았을까 싶다.

2) 군사 방면에서 두드러진 금관국계

대가야계와는 달리 금관국계는 그 왕족 후예들의 활약상이 주로 전해지고 있다. 금관국계는 신라에 병합된 후 그 주류가 왕경으로 사민된 반면 비주류는 주로 본국에 남아 있었으므로 왕족의 향방을 전혀 알 수 없는 대가야와는 좋은 대조를 이룬다.

금관국계는 국왕이 중심이 되어 자진해서 신라에 귀부(歸附)한 까닭에 상당한 대우를 받아 정치적·경제적으로 안정된 기반을 확보할 수 있었다. 특히 구해왕 직계는 신라의 진골귀족으로 편입되었다. 그러나 이후 그들의 성장은 그리 순탄하지만은 않았다. 그들이 골품제적인 정치사회의 운영을 근간으로 하는 신라 지배집단 내에서 비록 진골귀족이기는 하였으나 어디까지나 비주류 아웃사이더였다. 때문에 주류로 진입하는 데에는 수많은 우여곡절을 겪지 않을 수 없었다. 말하자면 금관국계는 신라의 흥망성쇠 과정에서 온갖 영욕을 겪었던 것이다.

진골로 편입되어 경주에 들어온 후의 구해왕의 향방은 잘 알 수 없다. 그의 세 아들 가운데 두드러진 활약상을 보이며 금관국계가 신라에서 자리를 잡는 데 중심적인 역할을 한 인물이 둘째 왕자로 보이는 무력(武力)이다. 비록 진골로 편입되기는 하였지만 신라라는 새로운 환경에 적응하여야 했던 그의 고충과 난관은 이루 말할 수가 없었을 것이다. 그런데 무력은 이름에 걸맞게 활발한 군사적인 활동과 그 성공을 통하여 이 같은 어려움을 극복하여 갔다. 그의 활약상은 『삼국사기』 등의 문헌기록에도 제법 남아 있는데, 진흥왕순수비 및 단양신라적성비 등 당대의 금석문에도 보인다는 사실이 주목을 끈다. 아마도 그처럼 금석문상에 이름이 많이 오른 경우도 없는 듯하다. 이들 금석문이 전부 신라의 군사적인 활동 및 그에 따른 영역 확장과 밀접하게 관련되어 있음을 고려하면, 김무력의 활약상이 어느 정도였는지 짐작 가능하다. 먼저 문헌과 금석문을 종합하여 그의 활동 궤적을 간단하게 추적하여 보기로 하겠다.

무력은 550년의 적성비에 따르면, 아찬(阿飡)의 관등을 갖고 고두림(高頭林)이라는 성에 주둔하는 군주(軍主)로서 최전선에서 활동하고 있다. 551년에는 신라가 백제 및 가야와 연합하여 한강 유역으로 진출하여 고구려의 10군(郡)을 탈취하는데, 이 때 그는 선봉에서 혁혁한 전공을 세웠다. 그 여세를 몰아 신라는 553년 백제와의 동맹을 깨뜨리고 백제가 장악한 한강 하류지역을 급습하여 이를 확보하였다. 당시 무력은 이곳에 두어진 신주(新州)의 첫 군주가 되었다. 급습으로 한강 유역을 빼앗긴 백제의 성왕은 그 보복으로 554년 많은 원로 대신의 반대를 무릅쓰고 신라원정군을 일으켰다. 성왕은 그의 장자인 여창(餘昌)에게 최고의 정예 병력 3만을 주어 신라를 공격하게 하였다. 진군하던 여창은 오늘날 옥천(沃川)에 위치한 관산성에서 신라군의 강한 저항을 받고 일진일퇴를 거듭하고 있었다. 이를 응원하기 위하여 성왕이 소수의 병력을 거느리고 관산성으로 향하던 중 무력의 휘하에 있던 삼년산군(보은) 출신 고간(高干) 도도(都刀)라는 인물에게 생포되어 무참하게 목숨을 잃고 말았다. 이 관산성 싸움은 결국 신라군의 승리로 돌아가고 여창은 3만 병력을 거의 잃고 사지에서 탈출하여 겨우 목숨만 부지하였다. 이 싸움은 신라가 삼국 간의 항쟁에서 우위에 서는 계기가 되었다. 백제의 경우 패배의 충격은 매우 커서 그 재흥에 엄청난 시간을 소요해야 했고, 신라는 승승장구하여 한강 이북지역을 확보하고 나아가 동해안 방면으로 북상하여 자신들의 본래 영토의 두 배 이상에 달하는 영역과 인민을 획득함으로써

212

뒷날 삼국을 통합하는 기반을 마련하였다. 이처럼 중요한 싸움에서 큰 전공을 세운 무력의 위상이 한껏 높아졌으리라는 것은 당연하다.

그러나 무력의 승승장구는 신라의 정통 진골귀족으로부터 상당한 견제를 받고 있었다. 그것은 일단 그의 관등 승진 사정을 통하여 유추된다. 550년에는 6등 아찬이었다가 561년에 3등인 잡찬(迊湌)이 되었는데 8년이 지난 568년에도 그는 여전히 같은 관등에 머물고 있다. 그의 관등 승진에 어떤 제약이 있었음을 엿보게 하는 대목이다. 진골 중심의 골품제 사회 내에서 이질적 세력이 갖는 한계였을 것이다. 이 점은 그의 직계 비속들의 결혼에서도 여실히 드러난다.

무력의 아들은 서현(舒玄)으로 바로 김유신의 아버지다. 그의 활동은 아버지 무력이나 아들 유신에 비하면 그리 두드러지지는 않는다. 진평왕 대인 6세기 후반 오늘날 충북 진천인 만노군(萬弩郡)의 태수를 역임한 바 있고 629년에는 김춘추의 아버지 용춘(龍春)과 함께 대장군이 되어 고구려가 장악하고 있던 낭비성(娘臂城) 전투에 참여한 정도다. 그 밖에 시기는 잘 알 수가 없지만 양주총관(良州總管)을 역임하기도 하였다. 이처럼 그의 활동이 기록에 그리 뚜렷하게 나타나지 않는 것은 역으로 그의 활동 자체가 상당한 제약을 받고 있었기 때문이기도 하다. 그 점을 잘 반영하는 것이 그의 결혼설화다.

서현은 젊은 시절 진흥왕의 동생인 숙흘종(肅訖宗)의 딸 만명(萬明)을 흠모하여 마침내 야합에 성공하였다. 만노군의 태수로 발령 받아 임지로 부임하게 되자 그는 만명과 함께 가려 했으나 숙흘종의 반대로 만명이 별채에 갇히게 되었다. 그러나 뇌성벽력으로 별채의 문이 부서지고 이를 틈타 만명이 탈출을 시도하여 만노군으로 가게 된다. 김유신은 이렇게 해서 탄생하게 된다. 유신이 진천에서 탄생하였고 그와 관련한 전설이 이 곳에 많이 전해지고 있는 것으로 미루어, 서현은 오래도록 만노군 태수를 역임한 듯하다. 이 또한 가야계에 대한 신라 귀족들의 대응을 여실히 보여준다. 전통적인 신라 귀족들은 가야계를 흔쾌하게 동질집단으로 받아들이지 않고 계속 경계하고 있었던 것이다. 이와 유사한 사례는 후술하듯이 그의 딸과 김춘추와의 결혼에서도 보인다. 이처럼 금관국계는 진골귀족으로 편입되기는 하였지만 지배집단으로 자리잡기까지는 전통적인 귀족들의 반발 속에서 험난한 과정을 겪지 않으면 안 되었다. 그 점은 김유신도 마찬가지였다.

김유신은 595년 만노군에서 출생하였다. 김서현 부부가 별[星]과 무장을 한 동자가 집으로 들어오는 꿈을 꾸고 임신을 하였다고 한다. 『삼국유사』에는 고구려의 유명한 점쟁이 추남(楸南)이 왕비에 몰려 억울한 죽임을 당한 후 김유신으로 환생하였다는 설화가 실려 있다. 만노군에서 출생한 뒤 이 곳에서 어린 시절의 상당 기간을 보낸 그는 왕경으로 돌아와 화랑이 되었다. 용화향도(龍華香徒)라 이름하는 화랑도를 이끈 그는 팔공산의 중악석굴(中岳石窟)에서 수련하며 난승(難勝)이란 노인에게 삼국통일을 달성하는 비법을 전수 받았다고 한다. 아마도 이런 과정을 통하여 군사적인 능력과 기반을 확보하여 간 듯하다. 성년이 된 뒤의 초기 활동상은 잘 알 수 없고, 아버지 서현과 김춘추의 부친 용춘(龍春(樹))을 따라 중당당주(中幢幢主)로서 낭비성(청주) 전투에 참가하여 처음으로 두각을 나타내었다. 이 출정은 김춘추가와 김유신가의 결속관계의 일단을 보여주는 것이어서 주목된다.

김유신가는 김춘추가와 정치적으로 끈끈한 결속관계를 맺었던 듯하다. 그것은 두 세력이 동병상련의 입장에 있었기 때문이다. 앞서 언급하였 듯이 김유신가는 금관국계로서 진골귀족들의 경계대상 제1호였다. 김춘 추가는 원래 전통적인 진골귀족 출신이었지만 입장은 비슷하였다. 그의 할아버지인 진지왕(眞智王)이 정난황음(政亂荒淫)을 이유로 귀족회의의 결의에 따라 왕위에서 쫓겨나 사망함으로써 귀족들과는 반목 대립하는 관계였기 때문이다. 이 때문에 두 집안은 자연스레 가까워질 수밖에 없었다. 진지왕의 뒤를 이어 즉위한 진평왕은 진골귀족들을 제어하여 명실상부하게 국왕 중심의 지배체제를 확립하고자 하였는데, 여기에 김춘추와 김유신의 두 세력을 적극 활용하고자 하였다. 그들은 왕당파(王 黨派)의 역할을 자임하고 나섰던 것 같다. 두 세력의 이러한 결속에 대해 귀족들은 당연히 계속 경계의 시선을 보냈다. 그 일단을 보여주는 것이 바로 김춘추와 김유신의 동생 문희(文姬)의 혼인을 둘러싼 이야기다. 아마도 김춘추는 이미 유부남이었던 것 같은데 정치적인 목적에서 김유 신의 책략에 따라 그 동생 문희와 결혼하게 되었다. 이 결혼은 진골 귀족들의 적극적인 비난 속에서 순조롭게 이루어지지 못하였던 것 같은 데, 김유신과 김춘추의 계산된 비상수단과 진평왕의 협조 등으로 마침내 목적을 달성하게 되었다. 둘 사이에 태어난 첫 아들인 법민(문무왕)이 626년생이므로 그들의 결합은 이보다 약간 앞설 것이다.

　양자가 굳게 결속을 다져가는 데 비례하여 귀족들의 견제도 그만큼 심해졌다. 김유신·김춘추를 중심으로 한 왕당파와 귀족파 간의 대립· 갈등은 진평왕이 노년에 이르도록 왕자가 없이 사망할 시점이 다가오자 점점 노골화되기 시작하였다. 그것은 진평왕 53년(631) 이찬 칠숙(柒宿)과 아찬 석품(石品)의 모반사건에서 유추된다. 이 모반사건의 주된 원인은 진평왕 사후 왕위계승의 향방을 둘러싼 것이었다. 아마도 왕당파들은 진평왕의 딸 선덕을 지원하고, 귀족파들은 그에 반대하는 입장이었던 것 같다. 이 모반사건이 발발한 이듬해에 진평왕이 사망하였는데, 당시 대립 갈등하던 양 세력 사이에 절묘한 타협이 이루어져 선덕이 여자로서 전례없는 왕위에 올랐다. 당시 귀족파들은 선덕여왕의 사후를 노리고 왕위계승에 가장 근접한 직책인 상대등(上大等)을 확보함으로써 일시 타협을 한 것이다. 선덕여왕대는 이들 두 세력 사이의 견제와 균형 위에서 유지되었다고 하겠다. 그러나 팽팽한 긴장관계가 깨지기 시작한 것은 642년 백제의 대야성 침공으로 낙동강 유역의 옛 가야 영역을 상실하면서 였다. 이로 말미암아 신라 자체가 심각한 대내외적 위기에 빠지게 되면서 양자의 대립이 표출되기 시작하였던 것이다. 특히 대야성 함락에 일차적 책임이 있던 김춘추 일파는 수세에 몰렸다. 대야성 싸움의 실패는 주로 김춘추의 사위 김품석 때문이었다. 그는 대야성 방면을 책임진 사령관 도독이었지만 자기 부하의 처를 유인하기도 하고 그것도 모자라 현지 유력자들의 처자들에게 눈을 돌림으로써 여러 가지로 문제를 야기시켰을 뿐만 아니라 백제군이 대야성을 공격하여 왔을 때는 지방민들이 결사항 전을 주장하는데도 구차하게 목숨을 부지하기 위하여 항복해 버리고 말았던 것이다. 당시 신라 지배층에게 가장 크게 요청되고 있던 덕목은 흔히 화랑 정신이 담겨 있다고 여겨지는 세속오계였으니, 자진 항복은 이러한 덕목에 철저하게 반하는 비난받아 마땅한 행태였다. 이 사건은 신라의 국가적 위기임과 동시에 김춘추계의 일대 위기이기도 하였다. 김춘추가 위험을 무릅쓰고 적극적으로 외교활동에 나서지 않을 수 없었 던 이유도 바로 여기에 있었다. 그들 일파가 주도하여 대당 군사교섭을 시도하고 또 김춘추가 직접 고구려에 원병을 요청하러 가는 등 군사외교를 활발하게 펼쳤지만, 쉽사리 성사될 상황은 아니었다. 오히려 당으로부터 '여주불능선리(女主不能善理)'란 대답을 얻어 여러 가지로 더욱 불리해지고 있었다.

그런데 이 때 당은 고구려 원정에 박차를 가하고 있었다. 당은 고구려를 공격하였다가 실패한 결과 멸망한 수(隋)의 전철을 밟지 않기 위하여 원정 준비에 만전을 기하면서, 신라를 향해서는 고구려 원정을 위한 신라병의 파견을 요청하였다. 신라로서는 백제의 전면 공격이란 위기에 봉착해 있었으므로 자연 그를 둘러싸고 내부에 논란이 일었다. 파병 결정을 적극 주도한 세력은 당면한 위기에서 불리한 입장에 서 있던 김춘추 일파였다. 사실 한반도에서 고립을 면치 못한 신라로서는 당연한 선택이기도 하였다. 그 결과 수만 명의 병력을 파견하였지만 당의 고구려 원정이 실패로 돌아가면서 국내에서는 원병 파견을 주도한 김춘추 세력이 한층 불리해졌다. 아마도 그 결과로 왕위계승에 가장 가까운 직책인 상대등을 귀족파의 대표인 비담(毗曇)에게 양보하지 않을 수 없었을 것이다. 당시 선덕여왕은 병약하고 노쇠한 상태로 사망할 날이 멀지 않았으므로 차기 왕권은 비담이 따논 당상이나 다름없었다. 646년 12월 일본의 다이카 개신을 주도한 인물 가운데 한 사람으로 신라에 사신으로 온 다카무쿠로 구로마로[高向玄理]가 귀국하는 길을 따라 김춘추가 일본으로 간 사이 647년 1월 비담의 난이 일어났다. 그 즈음해서 선덕왕은 임종에 직면해 있었던 것 같은데, 김춘추가 없는 사이 비담이 왕위계승을 위한 반란을 일으킨 것이다. 당시 김춘추 일파는 여자인 진덕왕을 후계자로 내세우기로 결정하고 있었다. 이로써 이 두 세력 간의 직접적인 무력대

결은 피할 수 없는 상황으로 치닫고 있었으니, 그 절정에 비담이 난을 일으킨 것이다.

난을 일으킨 비담 일파는 명활산성(明活山城)을 근거지로 하여 월성(月城)에 주둔해 있는 왕당파에 대해 적극 공세를 취하였다. 왕당파는 초기에 불리한 상황을 맞아 수세에 몰렸지만 김유신의 기지와 군사력으로 마침내 이를 극복하고 비담의 난을 진압하였다. 이 와중에 선덕이 사망하고 대신 그의 사촌동생인 진덕이 즉위하였다. 난이 끝난 뒤 귀국한 김춘추와 김유신의 쌍두마차는 사실상 정치적 실권을 장악하게 되었지만 그렇다고 귀족파가 완전히 제거된 상태는 아니었다. 게다가 여전히 백제의 위협은 상존하고 있었다. 특히 당의 태종은 신라의 여왕 즉위를 내심 못마땅하게 여기고 있었다. 하지만 자신이 즉위하기 위해서는 사전 정지작업이 절대적으로 필요하였던 김춘추로서는 진덕여왕을 내세우지 않을 수 없는 형편이었다. 이렇게 여러 가지로 불리한 당면 여건을 벗어나기 위해 먼저 당과의 관계를 원만하게 이끌어 환심을 살 필요가 있었다. 이 때문에 김춘추가 직접 당으로 건너갔는데, 아마도 그는 여자인 진덕의 즉위가 불가피하였음을 역설하였을 것이고 나아가 그를 무마하는 반대급부로서 당제(唐制)의 수용을 적극 내세웠다. 이렇게 해서 신라는 독자적인 연호의 사용을 포기하고 당복(唐服)을 비롯한 여러 가지 당제를 수용하는 길로 접어들었다. 그러는 한편 시시각각으로 변화하는 당의 동향 등 정보를 신속 정확하게 파악하고 나아가 선진문물의 수용에서 주도권을 행사하기 위하여 자신의 아들과 측근들을 당으로 보내 당 태종을 숙위(宿衛)케 하였다. 이 숙위는 사실상 다목적용으로 큰 성과를 거두었다. 아마도 김춘추는 그 밖에도 나당연합군을 결성하여 고구려와 백제를 치기로

당태종과 밀약을 맺었는데, 태종이 사망하는 바람에 즉각 실현되지는
못하였다.

  김춘추 일파는 사실상 정치적 실권을 장악하고 있었지만, 그가 즉시
즉위하기에는 여전히 귀족파의 반발이 만만치 않았다. 따라서 여러 가지
정지작업을 꾀하지 않을 수 없었다. 과연 진덕이 제위 8년 만에 사망하자
귀족들은 상대등이었던 알천(閼川)을 밀었다. 그러나 실제적인 힘을 가지
고 있던 김춘추와 김유신이 알천을 위협하여 김춘추가 마지못해 양위(讓
位)를 받는 형식으로 즉위하였다. 이러한 일련의 과정들은 김춘추의 즉위
에 반대하는 귀족들이 여전히 적지 않았음을 의미한다. 이로 말미암아
김춘추는 특단의 조치를 취하지 않을 수 없었다. 바로 백제에 대한 전면적
인 공세였다. 그를 위해 김춘추는 계속하여 당의 병력을 끌어들이기
위하여 노력하였지만 쉽사리 성사되지는 않았다. 거기에는 당의 내부
사정이 작용하고 있었다. 당 태종 사망 이후 외숙인 장손무기(長孫無忌)의
도움을 받아 즉위한 고종은 유약하기 짝이 없었고 그 틈바구니에 태종의
궁녀였던 무측천이 여러 수단을 동원하여 황후가 되고 자신의 소생을
태자로 내세우는 등 실권을 강화하더니 마침내 장손무기와 한판 대결을
벌였다. 당시는 권력쟁탈전이 한창 진행중이었으므로 쉽사리 백제 원정
군을 파견할 수 없었던 것이다. 이 싸움에서 승리한 측천무후는 결과적으
로 국내의 불만을 해소하기 위한 방편으로 원정군을 파견하는 셈이 되었
다. 무열왕 김춘추와 마찬가지로 국내 문제에 대한 이해관계가 서로
맞아떨어져 백제 공격이 이루어지게 된 것이라 하겠다. 나당연합군과
백제의 싸움은 불과 15일 만에 끝나고 말았다. 이후 고구려와의 싸움은
사실상 당의 필요성에 의해 추진되었다. 그리고 그 때까지 왕권을 견제하

고 제약해 온 귀족파는 국왕이 주도한 이 전쟁이 승리를 거두면서 마침내 몰락하지 않을 수 없었다.

지금까지 김춘추를 중심으로 하여 그의 집권화 과정을 장황하게 살펴본 것은, 겉으로는 부분적으로밖에 드러나지 않지만 그 배경에 김유신이 크게 자리하고 있었기 때문이다. 이 둘의 관계는 마치 바늘과 실의 관계와 같았다. 사실 김유신의 군사적인 기반이 밑받침되지 않았더라면 김춘추의 즉위는 불가능하였을 것이고, 그 뒤 삼국통일 전쟁의 승리도 장담하기 어려운 형국이었다. 이는 뒷날 문무왕과 함께 김유신이 삼국통일의 원훈(元勳)으로 숭앙받고 있었던 데서도 쉽게 느낄 수가 있다. 이들은 사망한 뒤에도 신라를 영원히 지켜주는 호국신으로 여겨지기까지 하였다. 김유신은 상대등을 역임하고 삼국통일전쟁을 승리로 이끈 제일의 공로자로 마침내 가장 높은 비상 관등인 태대각간까지 오르는 등 최고의 대접을 받았다. 그가 군사전략가로서 보여준 자세는 신라인들에게 오래도록 회자되는 전범이었다. 압량주군주로 있을 당시 의도적으로 군사에 뜻이 없는 척하며 늘 술만 마시고 노는 태도를 취하여 마침내 주인(州人)들의 마음을 자발적으로 이끌어내어 백제와의 싸움을 승리로 이끈 것, 당이 신라 지배층의 분열을 책동하려 한다는 사실을 간파하고 그와 대결을 벌이려 하였던 일, 백제 멸망 후 당나라 측에서 그를 회유하기 위하여 백제 땅의 일부를 식읍으로 주려 하였을 때 거절한 일 등은 그가 단순한 군사전략가로 머문 것이 아니라 원모심려(遠謀深慮)의 정치력과 혜안을 갖춘 범상치 않은 인물이었음을 보여준다. 당도 그의 위상을 그렇게 인식하고 있었다. 신라와 당의 싸움이 본격화된 것이 그의 사망 이후라는 점도 그를 이해하는 데 참고기 된다.

김유신은 상벌에 철저하여야 한다는 기본 입장을 갖고 있었다. 문무왕 원년(661) 백제 멸망 후의 여세를 몰아 당이 고구려를 공격할 때 신라에서는 김유신이 병참을 담당하여 책임지기로 하였다. 그런데 신라가 제공하는 군수물자가 평양까지 도달하는 데에는 고구려의 저항이 워낙 완강하였던데다 때마침 추위까지 겹쳐 큰 어려움을 겪고 있었다. 이 때 휘하의 보기감(步騎監)으로 있던 열기(裂起)가 선봉으로 나서서 군사(軍師)인 구근(仇近) 등과 함께 이 일을 감당하여 임무를 완수하였다. 김유신은 출정시 국왕에게 승인 받은 편의종사권(便宜從事權)에 따라 열기에게 급찬의 관등을 지급하여 그 공로를 표상하고 귀국한 뒤 국왕에게 다시 상주하여 사찬으로 올려주기를 간청하였다. 이 때 문무왕이 사찬은 너무 과하다고 반대하자 "작록공기(爵祿公器)는 공(功)에 보답하려는 것인데 무엇이 과하다는 말입니까" 하여 그를 관철시켰다. 여기에는 금관국계 김유신의 오랜 관록이 녹아 있지 않은가 싶다. 아마도 능력이 있음에도 불구하고 관등 승진 등 신분상의 제약이 작용하는 신라사회의 모순점을 오랜 체험을 통해 깊이 인식하고 있었던 것이 아닌가 한다.

반면 군기를 어겼을 경우에는 가차없이 처벌하고 예외는 결단코 용납하지 않았다. 문무왕 12년(672) 당과의 백수성(白水城) 석문(石門) 싸움에 신라병력이 출정하였을 때 일이다. 그의 아들 원술(元述)이 비장(裨將)으로 나섰다가 소속 부대가 군기를 어겨 당에게 대패하고 장군들이 전사하자 그 역시 따라 죽고자 하였으나 보좌관의 만류로 그러하질 못하였다. 이에 김유신은 자기 아들이지만 원술이 왕명을 욕되게 하고 가훈을 어겼다면서 참수할 것을 주장하였다. 국왕이 이 주장을 받아들이지 않고 사면하였으나 김유신은 원술을 끝끝내 용납하지 않았다. 그의 사망 후

원술은 군공을 세웠음에도 불구하고 그의 어머니로부터 역시 받아들여지지 못하였다. 이는 공사를 엄격히 가려 처신하려는 태도를 잘 보여준다. 아마 김유신 일족이 신라인들에게 모범이 될 수 있었던 것은 단순히 군공 때문이 아니라 김유신의 가훈이라고 표현된 이러한 원칙에 대한 철저한 자세가 더해져서였을 것이다. 실제로 이는 골품제 사회인 신라에서 귀족들의 끊임없는 견제 속에서도 금관국계가 굴하지 않고 살아남을 수 있었던 요인 중 하나라고 볼 수 있다.

신라의 삼국통일은 결국 진지왕이 폐위된 이후 전통적인 진골귀족에게 배척 당하던 김춘추와 금관국계의 합작품이라고 하여도 좋다. 이것은 문무왕이 고구려와의 일전을 앞두고 김유신·김흠순·김인문 세 사람을 나라의 보배라고 한 데에서 드러난다. 김흠순은 김유신의 친동생이었다. 김춘추의 즉위와 함께 신라는 새로운 시대를 열었고, 이후 그의 직계가 왕위를 계승한 시기를 중대라고 불러 그 전후와 구별하고 있다. 이 중대의 개창을 주도한 세력이 바로 김춘추와 김유신 일파였다. 더욱이 김유신에게는 중대의 국왕이 그 외손들이었다. 이로써 금관국계로서 가지는 기존의 한계를 완전히 탈피할 수 있었던 것이다. 그러나 통일 이후 지배체제가 점차 왕족을 중심으로 강화되어 가면서 다시 금관국계는 정치적 핵심에서 밀려나게 된다.

통일 이후 금관국계는 무훈(武勳)으로서뿐만 아니라 외척으로서 그에 걸맞는 정치적·경제적 대우를 받고 있었다. 그 수준은 다른 왕족의 수준을 능가할 정도였다. 금관국계는 스스로를 현창하기 위하여 김씨 왕족처럼 중국 전설시대의 소호금천씨(小昊金天氏)의 후예라고 표방하고 그 자신들의 역사서인 『개황록(開皇錄<曆>)』을 저술하였다. 개황록이란 황실을 열었다는 뜻으로서, 금관국의 역사서다. 아마도 이 때 그들은 스스로를 신김(新金)씨라 이름하여 왕족에 버금간다고 내세웠다. 이로써 금관국계는 바야흐로 절정기를 맞이하고 있었다. 김유신의 아들인 삼광(三光)이 인사권을 총괄하고 있었던 것으로 미루어 그들은 막강한 영향력을 행사하였음을 알 수 있다. 그러나 신라의 지배체제가 왕족 중심으로 확립되고 또 통일의 기운이 식어 갈 무렵인 성덕왕대부터는 점차 권력의 핵심에서 밀리는 조짐이 나타나기 시작하였다. 당시 성덕왕이 김유신의 손자인 대아찬 윤중을 편애하자 왕족들이 그를 질시하였다. 이에 국왕은 시절이 이처럼 평안한 것은 모두 윤중의 조부 김유신 덕분이라면서 무마하였지만 이는 일시적인 조치에 지나지 않았다. 733년 당이 발해를 공격하기 위하여 신라에 도움을 요청하였을 때 윤중과 함께 그의 동생인 윤문(允文)이 장군으로서 출정하였다. 아마 이 때까지는 금관국계가 기존의 기반을 그런대로 유지하고 있었던 것 같다. 그러나 이후 점차 핵심에서 뚜렷하게 밀리기 시작하였다.

혜공왕 15년(779) 선풍이 김유신의 무덤에서 일어나 그로부터 말을 탄 무사가 위용을 갖추고 나오니 그 뒤를 따라 40여 명의 무장 병력이 미추왕릉으로 들어갔다. 갑자기 무덤 속에서 통곡하고 우는 소리가 들리니 그 말인즉 김유신이 삼국통일의 공을 세우고 죽어서도 나라를 지키려는데 자신의 자손들이 아무런 죄가 없는데도 주살 당하였으니 다른 곳으로 옮겨가겠다는 내용이었다. 혜공왕이 그 말을 듣고 놀라 김유신의 무덤에 제사지내어 사과하고 그의 원찰인 취선사(鷲仙寺)에 공덕보전(功德寶田) 30결을 지급하였다고 한다. 이는 김유신의 자손들이 모종의 사건에 연루되었음을 의미하는데 그것이 이른바 770년에 일어난 김융(金融)의

난으로 추정되고 있다. 아마 성덕왕 이후 소외되고 배척 당하던 김유신의
금관국계가 특히 768년 대공(大恭)의 난(96角干의 난)에 뒤이은 일련의
반란사건에 가담하였던 것 같은데, 이것이 현실 정치에서 몰락하는 결정
적인 계기가 되었다. 그 이전부터 차별 당하였던 데 대한 반발로 결국
반란에 가담하였을 것이다.

  이후 금관국계로서 고위직에 오른 인물은 전혀 등장하지 않는다. 혜공
왕대 이후 김유신의 현손(玄孫)인 김장청(金長淸)이 주도하여 뒷날『삼국
사기』김유신 열전의 모태가 된 행록(行錄) 10권을 저술하였지만, 그의
관직이 겨우 집사부의 가장 말단인 집사랑(執事郞<史>)이었던 것으로
미루어 금관국계의 몰락 정도를 가늠할 수 있다. 김유신 행록의 저술
자체는 김유신의 현창(顯彰)을 통해 재기를 노린 금관국계의 노력의 소산
이었던 것으로 보이지만, 전혀 도움이 된 것 같지는 않다. 이미 금관국계가
과거의 영광을 되찾을 가능성은 사라지고 없었던 것이다. 물론 금관국계
로서는 노력을 계속하였던 듯한데 흥덕왕대에 이르러 김유신이 흥무대왕
(興武大王)으로 추존되고 있는 데서 미루어 짐작된다. 그러나 이러한 노력
들로도 큰 물길의 흐름을 되돌리기는 어려웠다. 김유신의 헌신적인 노력
과 영광은 시간이 갈수록 신라인들에게 잊혀져 가고 있었다. 금관국계는
정치일선에서 밀려나 진골로서의 신분조차 제대로 유지하지 못하였던
것 같다. 다만 김유신의 서손(庶孫)인 김암(金巖)이 음양가의 둔갑입성법
(遁甲立成法)을 익히고 또 육진병법(六陣兵法)에 정통하였던 것으로 보아
전략가 집안으로서의 명맥은 일각에서 유지된 것으로 보인다.

가야인의 뒤안길

우륵과 강수의 활동을 통하여 알 수 있듯이 대가야계가 신라에서 문(文)으로써 큰 영향을 끼쳐 족적을 남겼다면, 금관국계는 무(武)로써 큰 공적을 쌓았다. 어쩌면 가야계가 아니었더라면 신라의 삼국통합은 그렇게 쉽게 성공을 거두지 못하였을 것이다.

그러나 대가야계가 줄곧 신라사회의 주류로 편입되지 못한 채 변경에서 겨우 명맥을 유지하며 지방문화의 발전에 기여하였다면, 금관국계는 한때 왕도에 뿌리를 내리고 큰 성공을 거두었다. 그러나 교활한 토끼가 죽으면 사냥개는 구워삶아 먹는다고 하였던가. 결국 금관국계는 도태되고, 그 주류들의 향방은 이후 짐작하기 어렵다. 겨우 후삼국 정립기에 김해지역에서 그들의 후예를 표방한 소율희(蘇律熙) 세력이 등장하여 흔적을 보일 뿐이다. 반면 문화 방면을 주된 무기로 삼았던 대가야계는 충주지역에 뿌리를 내려 뒷날 그 기반이 알게 모르게 고려왕조에서도 면면히 이어진 것으로 짐작된다. 이것이 문과 무가 지니는 효용성의 차이를 반영하는 사례일지도 모르겠다.

두 가야계는 신라에서 서로 다른 입장에서 조우할 기회가 두 차례나 있었다. 우륵이 충주지역에서 이따금 탄금대에 유유히 흐르는 남한강을 바라보며 가야금을 타면서 시름을 달래고 있을 즈음, 이 방면을 군사적으로 총괄하고 있던 인물이 김유신의 할아버지 무력이었다. 아마 진흥왕이 하림궁에 행차하여 우륵을 불렀을 때 그 옆에서 무력이 시위(侍衛)를 하고 있었을 것이 틀림없다. 서로 전후하여 경쟁하면서 줄곧 하나로의 통합을 주도하려 하였던 나라의 후예들이, 이국땅 신라의 변방에서 그것도 죽고 죽이는 전투가 치열하게 전개되는 한가운데에서 만났을 때 어떤 느낌이었을까. 과거 자신들의 적국이었던 신라를 위해서, 비록 입장은 다르다고 하지만 총알받이로 나선 그들의 심정엔 망국의 회한이 끊임없이 치솟았으리라.

　다른 기회는 그로부터 백년쯤 세월이 흐른 후에 왔다. 당시는 무력의 손자 유신과 우륵의 후예 강수가 각기 삼국통일을 위하여 앞장서고 있었다. 그들의 역량은 각기 다른 방향에서 표출되고 있었으니 하나는 문(文)으로써, 다른 하나는 무(武)로써였다. 당시 그들의 힘을 빌려 삼국통합에 중심적 역할을 한 국왕의 시호가 뒷날 문무왕(文武王)이라 칭해지게 된 것은 상당한 아이러니다. 역사는 가정을 허락하지는 않는다지만, 그들이 이제는 사라진 고국에서 서로 통합하였다면 통일은 그들의 몫이 되었을지도 모를 일이다. 각자 망국의 유민이 되어 정복자의 나라에서 힘을 합쳐 마침내 삼국통일의 달성에 중추적인 역할을 담당하게 된 것은 결국 그들의 운명이자 숙명이었을까. 게다가 삼국통일의 과업을 이루었으면서도 다시 한 세력은 저 멀리 변방에서 또 다른 꿈을 키우고, 또 한 세력은 왕경에서 일시 절정기를 맞았지만 다시 쇠퇴의 길을 걸었다. 모두 신라에서 한시적인 용도로밖에 쓰이지 못하고 말았던 것이다.

참고문헌

신형식, 「김유신가문의 성립과 활용」, 『한국고대사의 신연구』, 일조각, 1984.
황선영, 「신라 무열왕가와 김유신가의 적서문제」, 『부산사학』 9, 1985.
백승충, 「통일기·나말여초의 가야사 인식」, 『한국고대사와 고고학』, 학연문화사, 2000.
선석열, 「신라사 속의 가야인들」, 『한국 고대사 속의 가야』, 혜안, 2001.
주보돈, 「비담의 난과 선덕왕대 정치운영」, 『이기백 선생 고희기념 한국사학논총』, 일조각, 1994.

가야사정책연구위원회

위원장   **정징원**(부산대학교 고고학과 교수)
위 원   **이기동**(동국대학교 사학과 교수)
          임효택(동의대학교 사학과 교수)
          신경철(부산대학교 고고학과 교수)
          이영식(인제대학교 인문문화학부 교수)
          김태식(홍익대학교 역사교육과 교수)
          이근우(부경대학교 사학과 교수)
          박천수(경북대학교 고고인류학과 교수)
          김열구(인제대학교 국어국문학과 교수)
실무간사   **이희진**(한국외국어대학교 강사)
진행책임편집 **백승옥**(함안박물관 학예연구사)

가야사정책연구위원회와 부산대학교 한국민족문화연구소에서 펴낸 책들

『가야사 연구 및 교육에 대한 정책연구』, 1999, 비매품
『가야 각국사의 재구성』, 2000, 도서출판혜안
『한국 고대사 속의 가야』, 2001, 도서출판혜안
『학교교육과 사회교육으로서의 가야사』, 2002, 도서출판혜안
『가야 고고학의 새로운 조명』, 2003, 도서출판혜안
『가야의 유적과 유물』, 2003, 학연문화사
『가야사 연구논문 요약집-국문편-』, 2004, 도서출판 뉴-워드사
『가야사 연구논문 요약집-영문편-』, 2004, 도서출판 뉴-워드사
『가야사 연구논문 요약집-일문편-』, 2004, 도서출판 뉴-워드사
『가야사 연속강좌-가야, 잊혀진 이름 빛나는 유산』, 2004, 도서출판혜안

가야사 연속강좌
가야, 잊혀진 이름 빛나는 유산
가야사정책연구위원회 엮음

초판 1쇄 인쇄 · 2004년 12월 21일
초판 1쇄 발행 · 2004년 12월 27일
발행처 · 도서출판 혜안
발행인 · 오일주
등록번호 · 제22-471호
등록일자 · 1993년 7월 30일
주소 · ⑨ 121-836 서울시 마포구 서교동 326-26번지 102호
전화 · 3141-3711~12 | 팩시밀리 3141-3710
이메일 · hyeanpub@hanmail.net
값 10,000 원
ISBN 89-8494-234-0 93910